回归教育本质

林格／著

清华大学出版社

北　京

内 容 简 介

在教育专家林格先生看来，时下的教育观念和方法过于迷信教育技术，迷信教育目标是通过一系列的手段实现的，结果导致中国的家长太累，教师太累，孩子也太累，而教育生产力却很低下。大量的家长和教师在学生面前赤裸裸地实施教育行为，而当孩子意识到自己受教育的时候，教育就已经失效了。

教育观念在现在这个时代需要刷新，单纯在教育技巧上的创新已经不足以缓解目前的全民教育焦虑。缺少对教育本质的追问，任何教育改革都将缺乏深刻的思想支持，我们需要的是回归教育的纯真。

本书倡导回到教育的本质，让孩子成为教育的主体，把家庭和教师都解放出来，这也会让教育效果产生惊人的爆发力。本书内容不仅有高度、深度，同时也有诸多教育试点的成功案例支撑，具有很强的操作指导性。

图书在版编目(CIP)数据

回归教育本质 / 林格 著. —北京：清华大学出版社，2015(2019.6 重印)
ISBN 978-7-302-40626-6

Ⅰ．①回… Ⅱ．①林… Ⅲ．①教育—文集 Ⅳ．①G4-53

中国版本图书馆 CIP 数据核字(2015)第 150395 号

责任编辑：高晓晴
封面设计：马筱琨
版式设计：方加青
责任校对：邱晓玉
责任印制：宋　林

出版发行：清华大学出版社
　　　　　网　　　址：http://www.tup.com.cn，http://www.wqbook.com
　　　　　地　　　址：北京清华大学学研大厦 A 座　　　邮　　编：100084
　　　　　社　总　机：010-62770175　　　　　　　　邮　　购：010-62786544
　　　　　投稿与读者服务：010-62776969，c-service@tup.tsinghua.edu.cn
　　　　　质　量　反　馈：010-62772015，zhiliang@tup.tsinghua.edu.cn
印　装　者：河北远涛彩色印刷有限公司
经　　　销：全国新华书店
开　　　本：148mm×210mm　　　**印　　张：**8.75　　**字　　数：**181 千字
版　　　次：2015 年 10 月第 1 版　　　**印　　次：**2019 年 6 月第 2 次印刷
定　　　价：38.00 元

产品编号：062698-02

前　言

很多人认为，在中高考的指挥棒下，基础教育实际上没有改革的空间，所以"应试教育扎扎实实，素质教育轰轰烈烈"，广大教育工作者及家长陷入了迷茫中。很显然，如果我们单纯地把希望建立在教育体制的变革，或者具体的教学方法创新上，是不能从根本上解决问题的。

老子说："天得一以清，地得一以宁，神得一以灵。"这里的"一"，就是教育之根，具体而言，就是提升生命质量，寻求教育之根。当前教育的出路在于——回归到教育纯真，重新建立教育价值观，包括进一步反思——教育是什么？

伟大的启蒙主义学者卢梭说过："教育就是生长。"这就意味着教育本身的目的是生长，而并非其他，比如"将来适应社会、做出成就"之类我们耳熟能详的说教，这些其实并非教育的目的，而是教育者尤其是家长的期望。这些目标，原本应该由孩子去规划，但现在的教育者喜欢做的事就是替孩子设计好未来，然后要求孩子去实现，这恰恰是对教育本质的违背和对孩子天性的劫持。

从另一个角度上说，学习是人的高级本能，是不需要教的，教育是没有用的。由此，我们将更加深入地思考一个问题：既然教育没有用，那么我们应当如何参与到孩子的学习和成长中呢？这是本书要集中探讨的问题。

教育应当使每个人的天性得以健康发展，和种树、种庄稼时疏松土壤、兴修水利一样，让根系自然生长，而不是强迫儿童接受外来的知识与道德要求。教育就是要让人自由成长、主动学习。

传统或者流俗的教育理念，往往夸大了教育的作用，认为教育是无所不至，无所不能的，一切教育目标都可以通过教育技巧实现，这恰恰也是当前素质教育与应试教育冲突的内隐症结所在。印度哲学家奥修说："当鞋合脚时，脚就被忘记了。"也就是说，真正的教育是一种潜教育。造成目前青少年教育障碍最主要的原因在于，教育实践在孩子面前以赤裸裸的形式进行，而孩子的本性是不愿意感受到有人在教育他，当孩子意识到他在接受教育的时候，教育的意义已经失去了。因此，真正的教育在于"于无声处响惊雷"，孩子学会任何东西，最终都要通过自己内化。最好的教育方式是无为而无所不为，不教而教。

我从来都认为，教育是道，而不是技术。我在演讲中尽量回避谈论教育技术，因为我深知每个父母和教师身上都是百药齐全，只要给予"道"的提示与点拨，大家一定能创造出无限精彩的教育技术，以及适合自己孩子的生动的教育策略，做到"手中无剑，心中有剑"。

在当代中国波澜壮阔的教育改革事业中，我自认为只是一名学生，最多算是一名比较勤奋的学生。回想起过去的十年，我只做了一件事情，那就是，坚持用脚做学问，探究中国教育的内涵发展与突破之路。我踏遍了全国将近1000个县，走进了1200所学校，拜访了400位教育专家。

如果说我对于教育有了一些感悟，那是因为无数有责任感的校长、老师、家长以及以柳斌、郭思乐、孙云晓、程鸿勋、杜和戎等为代表的当代中国杰出的教育家无私地帮助了我、点拨了我，他们是我的恩师。

经过将近十年时间的实验和探索，我们似乎找到了一条改变中国教育的突破口，那就是——新时期的养成教育理念实践体系。

很多"全国养成教育实验学校"的校长都认为，新时期的养成教育是一个先进、系统、有效、通透的办学理念，其中有很多影响力比较大的观点，比如"关心一切孩子""高度尊重学生的生命发展规律""教师唯一要做的事情是保护孩子的主动性""激活课堂活力""给孩子一个成功的阶梯""一切教育都将归结到习惯的培养上来"等等。

一位老师在听了我的关于教育之道的演讲后，这样写道：

"尽管，你是静静的，我的脑海却时时呈现你抑扬顿挫的演说，语重心长的教诲。

你已经完全摆脱了传统教育的冗重，而是从心出发，用爱去融化，'润物细无声'，让教育者轻松地施教，让孩子轻松地被教育。教育不再是单一、笼统、教条、墨守成规的，而是多方位、多角度的，是人性化的，是活生生的心灵与心灵的对话。

尽管，你是静静的，却有着千军万马的力量，指引着教育的方向……

尽管，你说自己是自说自话，但分明是如此热闹的互动，无数人已经被你触动——孩子、家长、男人、女人、仁者、智者……尽管你是静静的。"

这段话鼓励了我，同时也鞭策我静下心来继续前行。我尤其喜欢"静静的"这个词，我认为中国教育的希望，就在于依靠一种静静的精神力量，自下而上进行一种改变与推动，就像水一样，浸润万物而无言，静静流淌而涤尽污秽烦扰，以一种低调的旋律，把自己放到"无用"的人生位置上，最终实现"无用为大用"。

另外，我想说明的是，本书并非严格意义上的学术著作，其主要内容是结合我个人的观察所得融汇而成的基本教育信念。

人类到目前为止的各种思想理论，实际上只分两种：一种是理论本身；一种是如何实践某一理论的理论。比如说，"诚实做人"是一个理论，要使这一理论变成现实，就必须有一套"怎样使人诚实"的理论，否则很可能会陷入美妙的空谈。人类思想的丰富与发展，很大程度上取决于对后一种理论的探索与丰富，我更中意于这种探索。而理论的探索应当分三个方面进行：一是学习并正确理解别人的思想；二是评价和超越别人的思想；三是建立自己的系统化信念。

本书参考并引用了诸多优秀教育家的观点以及大量一线教师、家长的教育案例，在此表示深深的感谢。对于其中的一些故事和蕴含的道理，也许有的读者会说："这些我也知道。"那么，我也许会感到一点失落，因为在这些观念和故事之中，其实隐含了我已经系统化了的教育思想体系。

最后需要明确的一点是，本书中提到的"教育者"是指从幼儿园到高中孩子的教师和家长，也就是说，这本书主要是写给以上读者的。我希望与大家一同来品味教育、反思教育、探索教育，一起创造属于教育者与被教育者的幸福。

目　录

第一章
教育之困

一、摁着牛头吃草

变教育者的"被动教"为孩子的"主动学"

我走了很多学校，面对过数以万计的家长，有一个强烈的感觉：我们现在的老师和家长太累了。

我们的教育承担了不应由它来承担的过多的社会压力：升学、就业、致富、当官、成名成家，这些社会期望都通过考试、升学的途径，全部加到了中小学生和家长、教师、校长的身上。有一位全国著名中学的女老师对我说："我们每天至少需要工作12个小时以上，周末也基本上没有休息，没有时间与人交往，所以也就没有什么朋友，连家庭也照顾不上。"我很震惊！

很多人把原因全部归结到应试教育体制上去，我不赞同。我认为解放老师、家长的出路在于转变观念，从教育内涵方面寻找突破口，才是正道。

我是客家人，我们客家的老人经常把不听话的孩子比作牛，我们就从"牛吃草"说起。

有个男孩去农村过暑假，见一个老农把牛拴在一根又细又矮的木桩上。男孩着急地说："爷爷，不行！牛会跑掉的。"老农呵呵一笑，说："放心吧，不会的。"男孩说："这么小的木桩怎么能拴住这么高大的牛？"老农对男孩说："这头牛还是小牛犊的时候就被拴在这根小木桩上了。刚开始的时候，它总是不肯老老实实地待着、刨蹄子、打喷鼻、不断撒野，企图把小木桩拔起来。可是，那时候牛的力气小，折腾了一阵子还是在原地打转，不久它就不再折腾了。后来，它长大了，不仅个子高了，力气也大了，可是它已经不想再去拔这小木桩了。"

老农还告诉男孩说："有一回，我给牛添料，故意把一些草料放在它的头够不着的地方。我就是想试一试，看它会不会把脖子伸过去吃草料。只要它一伸脖子，这小木桩就会被拔起来了。可是，它吃完了够得着的草料，眼看着旁边的草，轻轻伸了两下脖子就耷拉下脑袋了。"

是什么拴住了这头牛呢，是小小的木桩吗？不！拴住这头牛的不是木桩，而是由木桩形成的心理枷锁。

一厢情愿地强化孩子的自我控制，置他们的主动性而不顾，孩子就会像那头被小木桩拴住的牛一样，小的时候想拔木桩，拔不动，等到长大后，有足够的力气去拔木桩时，却已经没有欲望了。

当代教育者的最大困境其实就在于"摁着牛头吃草"，一厢情愿地训练"牛嘴"要张开多少度、如何吃草，岂不知"吃草"是它的本能。这样强硬和机械训练的结果是"牛"很累，教育者也很累，教学的效能却极低。过去几十年，教育者长期执着于为孩子设计的教育方式，实际上是对孩子主动发展的一种人为控制。变"被动教"为孩子的"主动学"，是当前教育走出困境的唯一通途。

不惜一切代价保护孩子的主动性

现代教育有两个伟大的使命：一是发现孩子，二是解放孩子。发现和解放孩子的前提是了解孩子，了解孩子的前提则是尊重孩子。

近年来，"尊重教育"经常被提到，但很可惜的是，它仍然停留在建立良好师生关系的层面上，其深层教育价值没能被进一步挖掘。

为了区别于一般的"尊重教育"，我们提出了"高度尊重孩子"的概念。也就是说，**仅仅尊重人的基本权利是不够的，还要高度尊重人的生命发展规律，这是一切教育的逻辑起点**。我正是用这把尺子来衡量社会上流行的各种教育理念的真伪，只有从生命发展规律出发的教育才是真教育。

人的生命发展规律在影响教育价值的诸多因素中，有一个规律是居于核心与灵魂地位的，那就是人的主动性，它是人的素质核心，是一个人的"脊梁骨"，没有它的支撑，人是无法"站立"的。主动性规律，是人区别于动物的主动要求发展的高级本能，即一种人性，包括独立性、自主性和创造性。人的主动性，表明了人的自由发展的程度，可以说，人类进步的历史本身就是主动性不断增强的历史。

《共产党宣言》中"个人的自由发展是人类自由发展的前

提"，这个概括是深刻的。天性为命，人性为道，教育者唯一要做的事情是无条件保护甚至捍卫孩子的主动性，而不是控制它。随着新课改的推进和家长素质的逐渐提高，越来越多的教育者认识到了这一点，这很可贵。但我在与教师和家长的交流探讨中发现，还有很多的教育者，尤其是家长，对人的发展最基本规律的认知是模糊的，甚至是错误的。

每个孩子都具有主动性，协助拓展孩子的主动发展可能，应当是素质教育的灵魂。激发孩子的主动

> 💡 教育者唯一要做的事情是无条件保护甚至捍卫孩子的主动性，而不是控制它。

性呈现为这样的教育过程：当孩子隐约感觉到了发展可能，还没有来得及产生具体动机时，会产生一种独特的心理体验，这种体验叫美感。一位教育者，就是能不断提供给孩子这些美感，也就是不断展示给孩子发展的各种可能性，这时候，孩子的内心就会油然生发出实现那些可能性的冲动与激情，就开始了自主学习的旅程，教育因此实现。相反，如果只强调"灌输"的作用，实际上就是对孩子的这种高级本能的蔑视和控制，他们被动地学，被动地接受你的影响，就会逐渐失去对学习的热情。

二、孩子不爱学的根本原因

厌学是中国教育史上的"癌症"

教育者过度强调控制，"摁着牛头吃草"，其结果就是大量孩子不爱学，然后不会学，再然后更加不爱学，如此恶性循环，使得教育的生产力极为低下。

据全国养成教育总课题组专家在北京市二十多所学校的调查，由于不爱学、不会学而烦恼的孩子，初中达到了58.6%，高中达到了72.4%，严重影响了教育质量。这些孩子又不得不学，长期压抑，痛苦不堪。

孩子的学习成绩不理想，家长着急，老师着急，**可是我们也许忽略了，最痛苦的是孩子本人。他能体会到周围所有人对他的不满，能感知到周围所有人对他的失望，这种痛苦即使是成年人也很难承担。**

厌学可以说是中国教育史上的"癌症"。我们通过大量研究得出，导致当前中国学生厌学有三个非体制原因：

一是教育者按照自己一厢情愿的教育设计，迫使孩子们"就范"，忽视甚至控制了人的主动性，而进行被动教育，造成孩子对学习产生消极抵抗的心理。

二是教育者过于执着用大脑教育孩子，而忽略了用自己的心灵去感应另外一颗心灵，这就导致很多老师和父母，说的话都是好话，但就是说不到孩子心里去。

三是教育者过于迷信教育模式与技术，或者盲目地把舶来的心理教育方法奉为圭臬，而不是从生命发展规律出发，顺其自然地激发生命本来的潜能。

如果说教育是"生产人才"的事业，那么类似以上三种产能低下的"生产方式"确实到了该彻底颠覆的时候了。或者说，我们的教育到了换"发动机"的时候了，这个"发动机"就是——回归心灵深处，回归到教育的本质，建立"健康、自然、无污染"的教育价值观。

我们知道，对学习内容或参与学习活动的兴趣，叫作学习兴趣。兴趣是人生普通但神奇的"方向盘"，对人的知识的增长、智能的提高、情感的调动、品格的形成、潜能的发挥等都起着巨大的作用。从社会角度来看，兴趣是爱学、会学的重要基础，是终身学习的人必不可少的重要素质。

怎样把学习变成孩子内心真正的渴望，是所有教育者最为困惑的问题。为孩子购置一些具有娱乐功能的学习机，解决的仍然是表面问题。要真正地改变人，**必须从人的内心深处下工夫，那就是——利用人的生命发展中的主动性规律。**

除了释放束缚孩子主动性的"紧箍咒"，激发孩子的兴趣，无非有三种思路：一是感觉引导，二是降低难度，三是协助孩子发掘学习的快感。

如何进行感觉上的引导

我们不妨举例来说明这个问题，在《教育的秘诀是真爱》一书中，有这样一篇故事：

一位老人遇到了麻烦。每天都有一些顽皮的孩子聚集在他家附近，向他的房子扔石头。老人想了很多办法来阻止他们，叫警察、打电话给孩子们的父母、大喊大叫地威胁他们，但都不奏效。相反，孩子们似乎更加起劲，扔石头扔得更欢了。

经过思考，老人将孩子们召集到一起，对他们说："我现在慢慢地喜欢你们向我的房子扔石头了，为此我愿意向你们付钱，每人每天一块钱作为回报。"尽管这个承诺看起来很离奇，但孩子们仍然非常高兴地接受了这个协议。于是，孩子们每天都在约定的时间向老人的房子扔石头，老人也如约付给他们每人每天一块钱。

这样过了几天，老人又把孩子召集起来，对他们说："很抱歉，最近我的财务出现了一些困难，我无法每天付给你们一块钱了，每人每天付给你们五毛钱怎么样？"孩子们当然很不乐意，但他们嘀咕了一阵子后还是接受了老人的条件。

又过了几天，老人再次对孩子们说："最近我的经济状况实在糟极了，连付给你们五毛钱也无法办到了，但我还是愿意付给你们每人每天一毛钱，你们看怎么样？"

孩子们很快交换了一下眼神，其中的一个打破了沉默："别想得太美了，谁会愿意只为了一毛钱干这种苦差事？"就这样，孩子们再也不来扔石头了。

一开始的时候，孩子们扔石头是出于内在动力的驱使，扔石头使他们觉得新奇、好玩、冒险，因此，那位老人越管，他们就越逆反。可是，从老人给他们第一笔钱的时候，这些孩子扔石头的原因或者说动机就发生变化了，他们所做的事情再也不是源于兴趣，而是从内心的渴望转变为外来金钱的刺激，当外来的刺激变得越来越小甚至没有的时候，扔石头的行为也就失去了激励因素，其结果自然就可想而知了。

这个故事并不新奇，但我们可以从中洞见孩子内心变化的基本线索，这也是吸引孩子从内心出发爱上学习的基本线索——感觉引导。

> 💡 当孩子的学习能满足自己的好奇，能收获美感和满足感，不用别人催促和监督，这种学习才是最有效的。

当孩子感觉到学习是为了别人，无论是满足家长还是老师的要求时，学习的动力就会降低；当孩子的学习能满足自己的好奇，能收获美感和满足感，不用别人催促和监督，这种学习才是最有效的。

降低难度是激发兴趣的不二法门

孩子不爱学，还有一个关键原因，就是在学习过程中没有尝到甜头。而让孩子尝到甜头的唯一办法就是减少知识总量、降低学习难度，使孩子不断获得小成功、尝到小甜头。在学习过程中，把一个大目标科学地细分成若干个切实可行的目标，每实现一个小目标，就得到一次激励，一步一步地走向成功。

1984年，在东京举办的国际马拉松邀请赛中，名不见经传的日本选手山田本一出人意料地夺得了世界冠军。当记者问他是如何取得如此惊人的成绩时，他说了一句话：用智慧战胜对手。

当时很多人都认为，这个偶然跑到前面的矮个子选手是在故弄玄虚。马拉松赛是体力和耐力的运动，只要身体素质好又有耐性就有望夺冠，爆发力和速度都还在其次，说智慧取胜确实有点勉强。

两年后，意大利国际马拉松邀请赛在意大利北部城市米兰举行，山田本一代表日本参加比赛。这一次，他又夺得了世界冠军。记者又请他谈经验。

山田本一不善言谈，回答的仍然是上次那句话：用智慧战胜对手。这回记者没有再挖苦他，但是对他的说法还是迷惑不解。

十年后，这个谜底终于揭开了。

山田本一在他的自传里是这样说的："每次比赛之前，我都要乘车把比赛的线路仔细看一遍，并把沿途比较醒目的标志画下来，比如第一个标志是银行，第二个标志是一棵大树，第三个标志是一座红房子……这样一直画到赛程的终点。比赛开始后，我就以百米的速度奋力地向第一个目标冲去，等到达第一个目标后，就又以同样的速度向第二个目标冲去，四十多公里的赛程，就被我分解成这么几个小目标轻松地跑完了。起初，我并不懂这样的道理，我把我的目标定在四十公里外终点线上的那面旗帜上，结果我跑到十几公里时就疲惫不堪了，我被前面那段遥远的路程给吓倒了。"

在孩子的学习问题上，失败不是成功之母，成功才是成功之

母，反复成功培养天才，反复失败培养庸才。人不是一步登天的，而是在不断获得"小成功"中聚集成就感，从而走向"大成功"的。如果学习的目标太高、难度太大，孩子努力了还达不到，失败几次之后就会失去继续努力的动力。理想的学习是"站着坐着够不着，跳起来正好"，不断尝到小甜头，才可能逐步走向最终的成功。

深入挖掘孩子学习的持久快感

追求快感，是人的一种生活常态。人的快感分两个层次：第一层次是满足以后的快感；第二层次是深层次的快感，就是思维上的快感，即思维、学习的快感。对于教育而言，一切快感都是自我更新后的思维快感。社会上流行的很多"快乐学习法"，单边追求在"玩中学"的趣味学习，是对学习本质的肤浅理解。

古人说"书山有路勤为径，学海无涯苦作舟"，仿佛只要是学习就是"苦"的。现在也有很多人一提到学习，马上就联想到"苦""累""枯燥"这些让人提不起兴趣的形容词，似乎学习是件极痛苦的事。其实，学习充满着快感，只是这种快感是隐藏着的、深层次的，需要慢慢挖掘、细细品味，才能享受得到。

一是充满发现的学习有快感。学习能让孩子发现新的事物、美的事物，学会观察身边的点点滴滴。在不断的发现中，人很容易获得满足和快乐。

二是不断克服困难的学习有快感。真正的学习是对未知的探索。学习如同探险一般，既充满浪漫新奇的体验，也有意想不到的障碍。人只有不断探索攀登，克服重重障碍，才可能"修成正果"。每一次探险，都会留下难忘的回忆，这种回忆不仅是学习的成果，更成为快乐的源泉。

三是激发求知欲、释放潜能的学习有快感。每个人的学习潜能都是巨大的。当孩子界定一个目标，专注而坚持地付出自己的努力时，整个人都将充满愉悦和激情；如果能发掘出自己从未察觉的潜能、取得相当的成绩时，成就感和骄傲感就会油然而生。

四是为自己学习才有快感。学习是孩子的工作，需要发自内心的、没有外力强迫的、为自己学习的人，才可能摒弃依赖心理去自觉、主动地学习，才可能真正享受到学习的乐趣。

学习的确是一件苦差事，不付出努力和汗水绝不可能成功。深入的学习常让人感觉肉体的疲惫，但这对心灵而言，却又意味着满足和快乐。所以，**学习的本质仍然是快乐的**。这种快乐区别于将学习娱乐化所获得的表面的、短暂的快乐，它是真正的、持久的、深层次的快乐。一旦发现了它，孩子就一定会乐学不疲，不能自己。

三、谁在毁坏孩子的想象力

想象力与大国崛起

这里，我想把想象力当作一个重点来探讨。毫不客气地说，如果我们的教育控制了孩子的想象力，所有的知识传授都是徒劳无功的。有一句俗话叫"捡了芝麻，丢了西瓜"，分数就是"芝麻"，想象力就是"西瓜"。

什么是想象？

首先，想象是一种心理过程。通常把人们在外界现实刺激的影响下，在头脑中对记忆的表象进行加工和改造，形成和创造出新形象的心理过程，叫作想象。这里需要注意的有三点：一是外界现实刺激主要表现为言语的调节或物质的刺激；二是记忆的表象主要是过去感知过的材料以及实践经验等；三是形成和创造新形象则是将大脑中旧有的联系重新配合，从而构成新的联系，是一种智力活动。

其次，想象是一种形象思维。想象在本质上是一种形象思维，是构成创造性思维的基础。比如，当我们读到"敕勒川，阴山下，天似穹庐，笼盖四野。天苍苍，野茫茫，风吹草低见牛羊。"时，脑海里就会浮现出一幅壮美的图画，而且每个人脑子里的画面都各不相同。因为每个人在想象的时候，都借助原来脑子里的表象进行了加工和创造。再比如，当我们读到"枯藤老树昏鸦，小桥流水人家。古道西风瘦马，夕阳西下，断肠人在天涯。"时，尽管我们大多数人并没有经历过这样的情境，却能在头脑中产生一幅奇异的图景来。这幅我们从未感知过的图景，就是用我们熟悉的"枯藤""小桥""古道"等表象构成的。想象虽然是以记忆表象为原材料加工改造而成，但记忆表象只是对过去感知过的事物形象的简单重现，而想象则是以创造新形象为特征的。

> 有一句俗话叫"捡了芝麻，丢了西瓜"，分数就是"芝麻"，想象力就是"西瓜"。

在人的智力活动中，想象占有十分重要的地位。想象力是人类独有的才能，是人类智慧的生命线。优秀的想象力对于一个杰出人才来说是必需的。人的大脑具有四个功能部位：感受区、贮存区、判断区和想象区。人们运用前三个部位功能的机会多，而应用想象区的机会少，一般人仅仅应用了自己想象力的15%。可以说，想象能力应用多少是评价一个人智力高低的标准之一。

爱因斯坦16岁时曾问自己"如果有人追上光速，将会看到什么现象"；以后他又设想"一个人在自由下落的升降机中，会看到什么现象"。他在充分发挥想象力的基础上，经过严格的逻辑思维和严密的数学推导，创立了"相对论"，获得诺贝尔奖，成为世界上最伟大的科学家之一。作为一个发明家，他的成就很大程度上应归功于想象。爱因斯坦自己也说，想象力比知识更重要，因为知识是有限的，而想象力概括着世界的一切，推动着进步，并且是知识进化的源泉。

最近几年，我国很多优秀学者都在做一项有意义的课题——关于大国崛起的原因分析，但大多重点分析了经济、科技方面的原因，忽略了深度分析教育的原因。

比如，人们时常问究竟是什么建立了强大的美国，究竟是高度发达的科技、完善的机制，还是以西部牛仔为模式的冒险精神？创造学的鼻祖奥斯本说："是想象力建立了强大的美国。"也就是说，**一切都应当归结于人脑的想象力**。因为一切教育、科技、经济的发达，都离不开想象力，即使完善的机制也是为人的想象力的展翅高飞留下了足够的空间。所谓人才的自由流动，生产要素的高度活跃，创业的高度活跃等，其内在原因都是人的想象力的空前释放。

"二战"以后日本经济为什么起飞？原因很多，而如果从"人"这个因素探寻，那么其根本原因也是在于极大地开发了全民的想象力和创造力。在20世纪60年代，池田内阁的"国民收入倍增计划"中就提出"振兴科学技术的基本问题就是以科学技术为中心培训人才，推进研究开发，改进工业化的对策"，"不能停留在对外国技术的吸收和消化上，必须进一步开发本国的技术，所以科学技术人员的培养问题是关系计划期间经济能力增长的关键问题"。该计划要求教育成为"找到能够发挥每个人的创造力的大门的钥匙。"1963年，日本经济评议会在《关于人的能力政策的报告》中指出：发展自主技术"不能单是为振兴科学技术教育与扩充科学研究投资而采取直接措施"，而"最重要的是产生独创技术的创造力，比什么都重要的是通过教育使广大国民具有可能实现自主技术的基础教养和创造性能力。否则，就难以涌现足够数量的有独创能力的科学技术工作者"。这个只有1.2亿人口的国家，竟有数千万人投身于创造发明活动，每年的专利申请高居世界各国之首。

中国的复兴与再度崛起，最主要的任务不是开发石油、煤炭等能源资源，而是有效开发自己最丰富的资源——13亿人的大脑的想象力资源。

我接触过的很多家长和教师对想象力本身有误解。其实想象力并不是只有发明家、科学家和艺术家才有的特殊能力，事实上任何一个行业，任何一种职业，哪怕是最普通和基础的小事，要做得好，做得美，都需要想象力。一个充满想象力的生意也将比别的生意走得更远。美国西部的淘金者中真正淘得金子的人是少数，但是卖牛仔裤的却成功了，没有别的，是因为他并没有直接认定只有淘金才是唯一成功的途径。他的生意虽然普通，但是普通中却蕴含了一点微妙的想象力，而这个想象力带给他的却是更广阔丰满的世界，他的名字就叫利维·斯特劳斯。以下这个故事也给我深刻的印象，我们暂时不讨论年轻人的做法是否有作秀的嫌疑，但是他至少证明了想象力带给普通人的启示。

两个年轻人在偏僻的小山村一起开山。一个年轻人把石头砸成碎石子，运到路边，卖给修房子和铺路的人；另外一个年轻人不把石头敲碎，而是直接运到码头，卖给花鸟店的商人，因为这里的石头奇形怪状，花鸟店的石头价格很高。三年后，把石头卖给花鸟店的年轻人成为村里第一个盖上瓦房的人。

后来，国家为了保护植被，不允许开山了，只许种树，这儿成了果园。这里产的鸭梨汁浓、肉脆、味甜，人们把成筐成筐的鸭梨运到北京、上海，然后发到韩国、日本，个个都赚了不少钱。

可是，卖石块给花鸟商人的那个年轻人却把果树卖掉，自己种柳树。大家都笑他：柳树怎么值钱？事实上，他的想法是，大家知道鸭梨好卖，鸭梨用什么装？大家都卖鸭梨，我就卖装鸭梨的柳条筐，而卖柳条筐的只有他一个人。五年之后，他是第一个在城里买房子的人。

这个故事就被一个具有商业头脑的人听说了，他就想找这个年轻人，给他投资。找到这个年轻人开的服装店的时候，年轻人正在和街对面一家店的老板吵架，很多人围观。年轻人说："我的西装标价1000元，同样的西装你就标价500元，我标价450元，你就标价400元，我卖出了2套，你卖出去200套，你太可恶了。"准备投资给他的人一看，这个人素质太低了，失望地走了。后来他才知道，这两个店都是年轻人一个人开的。

作家郑渊洁有一段话很精彩："这是禁忌相继崩溃的时代，没人拦着你，只有你自己拦着自己，你的禁忌越多，你的成就就越少，人只应有一种禁忌——法律，除此之外，越肆无忌惮越好。"

可是，中国目前的教育，不善于培养人的想象力，作为教育学者，我关注到这个重大的问题——我们的想象力到哪里去了？

每个孩子都是充满想象力的天才

一位美国美术教师来到昆明进行教学交流，她发现中国孩子的画技非常高，布置的各项练习都画得栩栩如生。有一次，她出了一个"快乐的节日"的命题让孩子们去画。结果，她发现很多孩子都在画一个同样的事物——圣诞树！

她觉得很奇怪：怎么大家都在画圣诞树？经过观察，她发现教室后面的黑板上画着一棵圣诞树，孩子们正在照着描。于是，她把黑板上的圣诞树覆盖起来，要求孩子们根据自己的想象力创作一幅画来表现这个主题。

没想到，这可令那些画技超群的孩子们为难了。他们抓头挠腮、冥思苦想、痛苦万状，就是无从下笔。最后，这位教师只好又把黑板上的圣诞树露了出来，这才使孩子们完成了任务。

那千篇一律的圣诞树应该引起我们的深思！为什么会这样呢？

中国的孩子画画喜欢问"像不像"，美国的孩子画画则喜欢问"好不好"。两者的区别在于："像"是有样板、有模型的，而"好"则没有一定的章法。中国的孩子之所以喜欢用"像"来评价形容自己的画，自然是父母老师给他们灌输了这样的价值标准。

任何一个孩子都是极具想象力的天才。还未经文明熏染和污染的孩子，其思维模式还没有被纳入社会公认的体系中，他们天马行空、稀奇古怪的想法其实正是可贵的想象力的火花。鲁迅说过："孩子是可以敬服的，他常常想到星月以上的境界，想到地面下的情形，想到花卉的用处，想到昆虫的语言，他想飞到天空，他想潜入蚁穴。"

然而，无数充满奇思妙想的孩子长成了思想贫乏单调的成年人，这里要责怪的，自然不是孩子，而是父母和老师。

课堂上，老师提问："雪化了变成什么？"

"变成水！"大家异口同声。

一个小女孩回答："变成了春天！"这个回答是多么富有想象力，又是多么富有艺术性，可居然被判为零分。因为老师认为，这不是标准答案。

父母问孩子："树上有五只鸟，被人用枪打死一只之后，树上还剩下几只鸟？"提出这个问题的目的当然是想让孩子回答："一只也不剩下，都被枪声吓跑了。"

孩子回答："还有三只。"父母愕然："怎么可能？"孩子解释："爸爸被打死了，妈妈吓跑了，剩下三个孩子不会飞。"这是一个充满情感又极其现实的回答。可是，父母却大声呵斥："什么乱七八糟的！你脑袋里从来就没想过正经事儿！"

孩子们记住了"标准答案"，可谁来计算他们失去的东西？在讲学时，我曾经反复和校长们探讨，基础教育所要警惕的一个问题是，**教育是一把好刀，会用的人进行优质教育，不会用的人，会把刀变成控制人的"凶器"**。

蒙台梭利女士是一位优秀学者，她的教育方法在我国非常盛行，有关著作也不可胜数，而且长销不衰。许多家庭不惜花重金购买蒙台梭利教具，或是把孩子送到"蒙台梭利幼儿园"去。然而，她的教育法曾受到另外一名教育家斯特娜夫人的质疑，因为蒙台梭利教育法过于现实化，不利于发展孩子的想象力。在斯特娜夫人看来，蒙台梭利是一位伟大的教育家，贡献也不小，但是她的贡献只是对低能儿进行教育的贡献，而对教育普通孩子则没有任何效果。根本的一点是，她的教育法忽视了对孩子想象力的训练。因此，用她的方法是造就不出伟大人物来的。蒙古梭利把儿歌看成是"无聊的儿歌"，但是，孩子们决不认为儿歌是无聊的。采用她那样现实的教育方法，是不能培养孩子们的创造精神的。

事实上，我们的教育过程中，一味强调教育的"无所不能"，把知识当作教学的目的，而忽略了孩子学习的主动性，其直接后果就是控制甚至毁坏了孩子的想象力。对于教育来说，这应当也算是一种人文灾难，这绝非耸人听闻。

四、究竟要不要分数

分数是最好的评价手段吗

教育者很容易为了分数、为了眼前的教育利益而舍本逐末。很多的学校和家长，都把阶段性的分数作为评价孩子是否成功的唯一标准，比如，为了升到好一些的学校，不惜一切代价。全中国的家长没在一起开过会，但有一句话却异口同声："孩子，只要你有了好分数，其他的一切你都不要管。"这真是一个可怕的国民共识！

社会还流行一个观点"不要让孩子输在起跑线上"，这个观点误导了很多人。其实**终点成功才是真正的成功**，道理很简单，孩子的成长是一个漫长的过程，起跑快一点还是慢一点，其实不重要。比如，没能在幼儿园时期进行最有效的智力开发，难道孩子将来就一定是没出息的吗？小学升初中升不到好学校，就一定失败了吗？

这个道理大家都能理解，但一般的教师和家长就是做不到。这些就将引出另外一个更深层次的话题，那就是：除了分数和升学，我们应当如何评价孩子的发展？

人的发展需要评价，分数是其中一种评价手段。分数评价的好处是简单明晰，缺点是"用一把尺子量所有的孩子"，把大多数的孩子变为所谓"失败者"，如果有更好的评价手段，分数评价方式应当毫无疑问的摈弃。

客观地说，分数评价方法与人的发展规律是相违背的，因为人的发展是呈模糊状态的，这一点所有人都有共识，而分数评价的逻辑是强行分析的逻辑。

"模糊"的评价之道

有一天，哲学家青蛙见了蜈蚣，久久地注视着，心里很纳闷：四条腿走路都那么困难，可蜈蚣居然有成百条腿，它如何行走？这简直是奇迹！蜈蚣是怎么决定先迈哪条腿，然后迈哪条腿，接着再迈哪条腿呢？

于是青蛙拦住了蜈蚣，问道："我是个哲学家，但是有个问题我解答不了，你有这么多条腿，是怎么走路的？"

蜈蚣说："我一直就这么走的，可谁想过呢？现在既然你问了，那我得想一想才能回答你。"

这一念头第一次进入了蜈蚣的意识。事实上，青蛙是对的——该先迈哪条腿呢？蜈蚣站立了几分钟，动弹不得，蹒跚了几步，终于趴下了。它对青蛙说："请你再也别问其他蜈蚣这个问题了，我一直都在走路，这根本不成问题，现在你把我害苦了！我动不了了，成百条腿要移动，我该怎么办呢？"

《奥修寓言》中的这个故事引人深思。人的发展之道也一样，是混沌的、模糊的，说严重一点是不容分析的。《道德经》第二十五章说："有物混成，先天地生。寂兮寥兮，独立而不改，周行而不殆，可以为天地母。"意思是说：道是混沌的，先天地而生，虚空宁静，超然独立，永恒不变，是天地的母亲。万事万物的发展均有其不可言喻的自身规律，人究竟是怎样发展的，其实我们是无法真正做到准确分析的，就像用电饭煲煮米饭，究竟饭是怎样熟的，我们并不知道，也不需要知道，只要到了时间打开盖子就是香喷喷的米饭。如果在这个过程中，我们总是揭盖看看，最后打开时，米饭一定已经夹生了。

在东西方文化对比研究中，我们经常会看到"模糊""分析""综合"的概念，东方文化中侧重于"模糊论"。现代科学研究表明，人的神经细胞主要遍布在大脑皮质上，大脑皮质上神经细胞的数量约有150亿，它们之间形成了极其复杂的联系网络，彼此沟通，相互影响，每个细胞与其他细胞可产生两千多种联系。神经细胞的不稳定性，正是大脑皮层神经细胞传递的根本特点，这是"模糊论"的生理基础。李晓明先生在《模糊性——人类认识之迷》一书中指出："模糊性的本质是宇宙普遍联系和连续运动在人类思维活动中的反映。模糊性并非物质的本质属性，也不是人脑的主观产物，而是客体在人类意识的映照下，成为模糊性的栖身寓所……一言以蔽之，明晰兮模糊所伏，模糊兮明晰所倚。"

模糊当然不是"糊涂"，而是一种超然的评价方法，是符合客观事物的发展规律的。而人的发展更应当采用模糊的评价方法，**模糊的评价，实质上是上升到教育文化意义上的评价，是人性的回归。**

无法回避的中高考

很多人会说，我们无法回避的现实是中高考，这是目前公认的公平方式，我们应当如何把握呢？在这方面，我支持郭思乐教授的观点。郭教授认为，我们要长期在中高考的体制下工作，因此对基础教育有意义的研究，都不能离开中高考存在的前提，生本教育十年实践证明："素质好，何愁考(中高考)，为了好，偏不考(过程中的统考)。"郭教授还认为，当前教育改革的瓶颈在于区域性或者学校的统考，这样的考试区别于中高考等社会选拔性评价的教育过程中的评价，在教育还缺少根本性改革的情况下，管理者往往借助于这种评价方式来防止教育质量下滑。其目的是实现教育活动主体之外的人对学习者情况的把握和监控。它广泛地影响了教育教学的模式，使所有的教育中人疲于被动应付，失去了激扬生命主动性的教育改革探索热情。

有人把当前面对现实的教育改革方向概括为两句话——**光明正大搞应试，旗帜鲜明抓素质**。话说得有点夸张，但不无道理。我甚至认为当前教育的问题，并不需要很多的"解答"，而是要"解决"，只有能解决问题的思路，才是可靠的、科学的思路。

本书中关于个性化教育的操作系统部分，为大家提供了一个思路，变以"知识"为中心的评价体系为以"学习状态"为中心的学习质量阶梯体系，从根本上培养孩子的学习兴趣和学习习惯。我们的反复实验中，参加实验的孩子不以学习成绩为目标，却都取得了最好的成绩。可以说，在新时期的养成教育理论实践体系指引下，成绩和分数应当是人学习成功之后顺带的结果而已。每年到了揭榜季节，都有很多全国养成教育实验学校的校长向我报告学生获得中高考成功的喜讯。这样就是"又好看"(终端考试成功)、"又好吃"(解放了教育者，学生主动学，素质全面提高)的双效教育。

我预测，大约二十年以后，在逐步加强中小学职业指导并形成系统和机制后，中高考一定会被其他方式取代。但在未来的二十年时间内，我们须在接纳中高考的前提下进行教育改革，关键是各地教育行政部门要下决心取消平时的统考，以中高考终端考试为目标，建立新型的教育评价机制。

第二章
回归教育的纯真

一、教育的本质是心灵感应

心是一切教育的基础

经常有人问我，教育的本质是什么？我通常会用四个字来回答——心灵感应。这里所说的心灵感应，绝非那些术士的通灵术，而是指两颗心灵之间的高度默契。甲骨文中的"教"，右边的"文"中有一个"心"字，现在的汉字经过几次重要的演化后，那个"心"字看不见了。**从本质上说，教育就是"以心灵感应心灵"的过程。**

其实，对教育本质的解释有很多的说法，只是角度不同而已。我之所以认为教育的本质是心灵之间的感应，是从东方文化的核心价值角度进行阐发的。相对于西方文化的分析、逻辑、抽象，东方文化则侧重模糊、概括、觉悟，但不论东西方文化的区别有多大，仅对"人本身的发展"这个根本性问题进行思考的时候，似乎又都是统一的，并没有根本的差别，其性质相同，只是表现的内容和形式不同而已。

中国传统哲学认为，人的价值源于天，来自于宇宙这个生生不息的总系统，人的生命意义也就在于认识、顺应以至推动这一进化的过程。而心是人类经过千万年进化后唯一能与宇宙沟通的器官，故而"人因心而知天"。广义上说，人的感觉、思维、言语、行为，都是在"为天地立心(北宋哲学家张载语)"。

《二十四孝》中有一个"啮指痛心"的故事：

孔子的学生曾参侍奉母亲极其孝敬。有一次曾参进山砍柴去了，突然家里来了客人，他母亲不知所措，就站在门口望着大山希望他回来，许久不见儿子归来就用牙咬自己的手指。正在山里砍柴的曾参忽然觉得心口疼痛，便赶紧背着柴返回家中，跪问母亲为什么召唤他。母亲说："家里突然来了不速之客，我咬手指是提醒你快回来。"

心是一切经验的基础，它创造了快乐，也创造了痛苦；创造了生，也创造了死。心的第一个层面是"凡夫心"，这是会思考、谋划、欲求、操纵的心，会暴怒的、犹疑不定、反复无常的心。但此外，我们还有心的本性，这是永恒的，不被死亡以及任何外界事物触及。说到底，心性就是万事万物的本质。

在教育过程中，如果我们过于依赖大脑，依赖心理学技术，依赖知识的传递，就会使我们的心灵失去了感知、感觉和感应的能力。事实上，感受身边的每一个人、每一件事物，才能让生命生动而自由起来。

教育，应当回归到心灵深处

我们的日常生活被种种情绪、思想和欲望所主宰，但有些时候，我们依然能极其清晰、深刻地感受到自己的心灵，可能是在欣赏一支美好的曲子时，可能是在宁静的大自然中流连时，可能是在品尝日常生活中的点点滴滴时。当我们看到雪花翩翩飘下，看到太阳缓缓升起，看到一束光线射进屋里，都可能让我们瞥见自己内心深处那无比宁静和美好的地方。这些光明、安详、喜悦的感觉，都曾发生在我们每一个人身上。

欲望使我们存在，而心灵决定我们存在的品质。身处陋巷的颜回，只有粗粮清水但快乐无比；宗教的苦行者，可以在极其恶劣的生存条件下感受到常人难以想象的幸福。幸福本身不由你获得多少决定，而是由你感受到多少决定。

回归心灵深处，说起来简单，其实却代表着一种生活态度的彻底改变，从向外看转为向内看，从关注向外的索取追求到凝神触摸自己的内心生命。这对于大多数人来说是一种全新的体验。以往我们回避向内看的生活，因为一般人总有种对自己内心的恐惧感，更因为我们认为这不重要，我们留恋刺激热闹、嘈杂忙碌的生活。也许，在这个急功近利的世界，向内看被认为是一种怯懦和消极的行为，我们埋怨着过于繁忙的生活，但我们继续忙碌着为了能付得起钱去"休闲"。

相对于教育回归心灵深处的真谛，《现代汉语词典》中"教育"被解释为"把知识或者技能传给人"，亦即"传道、授业、解惑"的白话文解释，这种解释是苍白的。**教育之道，道在心灵，而不是被动的"知识传递"和"技能训练"。**

过去几十年的教育从未把孩子看作教育的主体，以知识为中心人为地设计教育内容与形式，只是把孩子当作知识的接收器，而不是知识的主宰者。因此，孩子无论何时何地都是"被教育"的对象，孩子在整个教育过程中，始终处于被动、消极的地位。毫不客气地说，如果他们的心灵没有被教育者感应到，一切的教育都是没有用的，教育本真将离我们越来越远。

二、把话说到孩子心里去

孩子的反叛，往往因为教育者说话太多

同样的一句话，不同的人说出来的效果明显不同，很多话都是好话，就是说不到孩子心里去。因为在一句话中，语言只占15%，表情占30%，人的状态却占55%。可见，教育本质上是一种状态，一个教育者达到了一种较好的状态后，你简略的话和思想，就是最好的教育。

我们课题组于2007年10月在1000名中学生中做过一个家庭教育问卷调查，其中有一个题目是：你最不喜欢你妈妈的哪种行为？调查结果显示，其中550位中学生首选了"唠叨"。由此推论，"唠叨"很可能是当前中国家庭教育的第一难题。解决家长"唠叨"的问题，说大一点，是解决家庭教育困境的一个突破口。

毫无疑问，所有家长"唠叨"的出发点一定是好的，"唠叨"的内容也是正确的。值得反思的是，我们的"唠叨"为什么会导致孩子如此强烈的"反抗"呢？

因为有了语言，我们的知识传承变得更加方便、快捷、持久。同

> 解决家长"唠叨"的问题，说大一点，是解决家庭教育困境的一个突破口。

时，语言在教育过程中，又是一把双刃剑，善用者可以入心入骨，不善用者可能引起反感甚至直接消解了教育的内容与意义。

有位妈妈声带出了一点问题，医生强迫她禁声，至少十天不许说话。

这天，儿子放学回家，进门就嚷："我恨老师！再也不去学校了！"

如果平时听到儿子这么说，妈妈一定会严厉地训斥他。但是，这一次她没有这样做，因为她不能讲话。

气愤的儿子趴在母亲的膝盖上，伤心地哭着："妈妈，今天老师叫我们写一篇作文，我写错了一个字，老师就嘲笑了我一番，结果同学们都笑我，真没面子！"

妈妈依然没有说话，只是搂着伤心的儿子。儿子沉默了几分钟，从妈妈怀中站了起来，平静地说："我要去公园了，同学们还等着我呢。谢谢你听我说这些事。"

由于特殊的原因，这位母亲体会到了"沉默"的重要意义。毋庸置疑，闭着嘴说话——我们经常说到的"沉默是金"，对教育来说，具有重要的意义。

嘴巴的品质是耳朵培养出来的。在课堂上，教师如果尽可能闭上自己的嘴，让自己少说一点，留出时间和空间给孩子，也是教育行为转变中的一个关键点。课堂是教师传道授业的场所，但同时也是孩子吸取知识的场所，需要的是老师和孩子之间的互动，而不是老师在台上高谈阔论，孩子在台下死记硬背。老师说多少孩子记多少的学习是机械的，孩子充分思考和内化所学的知识是需要时间和空间的。好问、好说是孩子本来的天性，可有些老师却无情地剥夺了孩子说话的权利。学校需要教的是"学问"，而不是"学答"，上课应该更多地引发孩子"问""说"的兴趣，教给孩子"问"的方法，而不是一味的灌输，只关注结论，忽视学习的体验过程。

很多家庭教育的无效，甚至让孩子产生了强烈的情绪反弹，是因为父母说得太多。学校教育的低效，也来自于老师们一刻不停地耳提面命。**修炼自己的教育状态，实现"闭着嘴说话"，才能赢得孩子内心的尊敬。**尽管这并不容易，但需要我们渐修、渐悟。

有一个人从不乱发表自己的见解，即使是开会，当绝大多数与会者都踊跃发言时，他也保持沉默。有一位多事者很想知道这是为什么。

多事者："你为何总保持沉默？"

沉默者："我习惯于沉默。"

多事者："据我了解，你以前可是很喜欢说话的。"

沉默者："那只是年少轻狂，总喜欢出风头。"

多事者："为何会有如此大的改变？"

沉默者："你的问题我不好直接回答，我问你，佛为什么会令人尊敬？"

多事者："为什么？"

沉默者："因为他无时无刻不在保持沉默。"

教育者也应像这位沉默者一样，从"轻狂多言"的"风头"上自然走下来，走进"令人尊敬"的"含蓄"中来。

要让孩子敞开心灵，教育者自己须变得柔弱起来

要孩子的心灵乐于依靠，教育者应有一种美德，那就是——让自己变得柔弱起来。因为，只有自己的内心变得柔弱了，才能缩小与孩子心灵之间的距离，才能把话说到孩子的心里去。

为什么是柔弱，而不是温柔？老子说："人之生也柔弱，其死也坚强。草木之生也柔脆，其死也枯槁。故坚强者死之徒，柔弱者生之徒。"意思是说：人活着的时候，浑身是软的，死了，才硬邦邦；草木活着的时候，非常细腻，死了，才干枯，所以说，坚硬的东西往往是死了的东西，活着的，反而是柔弱的东西。

对于教育者本身来说，柔弱有两层意思：一是柔软，即放下自己，使自己变得内心柔软，让孩子的心灵愿意靠近；二是示弱，因为内心强硬者，必然使孩子敬而远之。哪怕你是事业上的强者，在孩子面前不能立即变得柔软，也要示弱。所有教育者，都应当具有像水一样的柔弱品德，柔弱，"莫之能胜也"，柔弱比强硬更让人愿意依靠，更让孩子愿意倾听，愿意对你提供帮助。

内心柔弱者，流露出来的是高贵的柔和气息。这种柔和的气息，才能把精神的能量渗透到孩子的心灵深处。医学院临床专业的课上，教授们经常会问一个问题：用酒精消毒的时候，什么浓度为

> 💡 只有自己的内心变得柔弱了，才能缩小与孩子心灵之间的距离，才能把话说到孩子的心里去。

好？一般人认为，当然是越高越好。其实错了，太高浓度的酒精，会使细菌的外壁在极短的时间内凝固，形成一道屏障，后续的酒精就再也渗不进去了，细菌在"堡垒"后面依然活着。最有效的浓度，是把酒精的浓度调得柔和些，渗透进去，效果才最好。

很多家长和教师，唯恐在孩子面前不能立威，习惯于高高在上，习惯于无所不知，面对孩子犯下的错误往往疾言厉色，仿佛全天下的真理都掌握在手。这样的教育者，是让孩子害怕的，而绝不是让孩子亲近的；是让孩子厌烦的，而绝不是让孩子信任的；是让孩子关闭内心的，而不是让孩子感知到你的爱和鼓励的。这样的教育者，无论多么辛苦，有着多么朴素或者伟大的动机，都是在从事失败和错误的教育。

柔和的气息有时比风暴更有力量，我们的声音柔和了，就更容易渗透到辽远的空间；我们的目光柔和了，就更轻灵地卷起心扉的窗纱；我们的面庞柔和了，就更能流畅地传达温暖的诚意；我们的身体柔和了，就更准确地表明与人平等的信念。

我认为，**柔弱甚至示弱是一种根本性的教育素养，堪称教育的第一素质。**

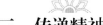

三、传递精神能量

孩子最需要的是什么

有不少教师和家长，与孩子之间分明日日相处，身体上的距离最近，心灵之间的距离却很远，根本不知道孩子真正需要什么。这样，即使你花最多的钱财把孩子送到最好的学校，花最多的精力去"开小灶"，都是无济于事的。

几年前，北京发生了一幕家庭惨剧。夫妻俩都是著名大学的教授，家庭条件优越，但是他们16岁的孩子却因忍受不了家庭的压迫以及父母对他交往女朋友事情的强加干预，用菜刀残忍地把父母亲杀害了。后来法官在法庭上问他真正的杀人动机，他说了一句话："因为我的父母到死之前，仍然不知道我究竟需要什么。"这句话，我想是他对所有教育者说的。

无数事实证明，**只要让孩子感应到你真的在乎他，他就不会让你太失望**。

教育家吕型伟先生说："猿猴变成人需要几千年的时间，人变成动物只是一夜之间。"现在地球变暖了，人心变冷了，这是多么可怕的情况，这也给当下的教育提出了一个重大的根本性问题。

有一位父亲问儿子："你记忆中最美好的生活片断是什么？"

儿子毫不迟疑地说："是那个晚上，我参加完夏令营，你来接我回家。在路上，你停下汽车帮我捉萤火虫。"

事情如此普通，这位父亲已经不大记得了，却成为儿子最美好的回忆。儿子当时知道父亲很繁忙，满以为不会停车的。这是父子在一起的美妙夜晚，父亲的行为是在对儿子说："我爱你。我在意你，为了你我愿意做更多事。"

教育应该是一种心与心的感应，让孩子在心灵上得到温暖，在心灵的碰撞和感动中获得成长。

友泽是一个贪玩的孩子。一次，老师组织学生去郊游，但不巧的是，刚要出发时开始下雨了，因此活动被取消了。

友泽感到很郁闷，他怒气冲冲地赶回家。一进门，他甩下书包，一头倒在床上，不说一句话。父亲见了，决定和他谈谈。父亲用手拍了一下友泽："你看上去很不开心，有什么不高兴的事吗？可以跟我说说吗？"

于是，友泽把郊游的事跟父亲说了一下。

父亲听他讲完后说道："这雨什么时候下不好，偏偏这个时候下。"

友泽紧跟着说："是啊，为什么现在下呢？"

这时，双方沉默了一会，然后友泽说："哦，这次不行，可以等到以后再去。"显然，他平静了许多。在下午余下的时间里，他再也没有发过脾气。

通常，只要友泽气愤地跑回家，他的这种情绪就会影响全家人，使每个人都不开心。这种情况一直会持续到深夜，直到他睡着后才算结束。没想到，今天父亲的一席话竟使他发生了根本性的变化。

每个人都渴望自己的情感受到重视。我们可以做的最伟大的事情，莫过于让别人知道他们能够爱并且被爱着。在交流中，无声的行动有时能与话语一样重要，起到交流的作用，更能够体现对孩子的爱和赏识。

> 无声的行动有时能与话语一样重要，起到交流的作用，更能够体现对孩子的爱和赏识。

教育者需要先打开心门，不可抱着一颗焦躁的心来面对孩子，我们需要从身上流露出一种温暖平和，需要让孩子感受到"阳光"。

记得陕西有一位特级教师请教我，他们班上有六十多个孩子，怎样才能做到一视同仁，关注到每一个孩子。

我告诉她，我们做过一次调查，从以往的教育经验来说，理想的班级人数是15个孩子。也就是说，再优秀的班主任如果仍然用大脑关照孩子，最多只能关照到15个孩子。很多家长深为忧虑，每个家长都希望班主任能关照到自己的孩子。但当前班级人数设计的现状是越来越窘迫，所谓的"好学校"更是变本加厉，最多的班级人数据我所知已经达到75个。我向她提出建议，如果不能改变现状，不妨用心灵去感应每个孩子，以往我们都是用大脑教育孩子，所以只能关照到15个孩子，如果我们用心灵去感应孩子，那么即使是75

个孩子，我们都可以关照到，当每个孩子都能感应你的心灵时，教育就开始实现了。

我们平常说一个人有气场，就是指这个人的能量在扩散、传递给周围的人。真正的教育，绝不仅仅是讲道理、传授知识，更不仅仅是开发孩子的智力，而是把自己精神的能量传递给孩子，维护孩子的心力，让他成为一个内心强大的人，一个能承担后果、应对变故、改善自身和环境的人。

我们每年要接收和改变很多所谓有"网瘾"的孩子，发现这些孩子身上有一个共性，就是他们的心灵是冰凉的，没有在家庭或者学校中得到温暖。所以我们经常说，他们的心灵实际上每天在街头流浪，自然就到虚拟的空间里寻找慰籍了。

事实上，经过几年下来对网瘾孩子的调研和调整，我可以很明确地说：网瘾根本不是教师和父母的对手，我也反对把这个网瘾问题归结为"心理疾病"，只要我们的孩子每天在家庭和学校里得到精神能量的补偿，一切问题都会变得简单得多。

把我们心中的能量通过一种管道输送到孩子的心里去，每个孩子的心中一定是春意盎然的。我经常呼吁天下的母亲，无论再忙，每天都应当回家做一件事情：毫无怨言地做一顿晚饭，这顿晚饭里隐藏着丰富的精神能量。现在的母亲，特别是每天上班忙碌的母亲，经常忽略或者借口工作忙，甚至即使好不容易做了一顿饭，却满腹牢骚。孩子由于得不到家人精神的滋养，走出了家门，实际上他们的心灵是饥饿的。

更精彩的教育，是传递精神能量

教育是一种大爱，它的使命就是把精神能量传递给孩子。这种传递其实并不需要多么高明的技巧和深刻的理论指导。任何一个家长，任何一位教师，只要向孩子传递正面的和强大的精神能量，都一定能做到这种传递。传递精神能量甚至比学习那些复杂的教育技巧更为简单。

王娜老师是全国养成教育总课题组的成员，她是来自一线的优秀青年教师，对传递给孩子精神能量有着深刻的体会。

王娜老师所在的学校六年级有个学生谷满月，是单亲家庭，和妈妈一起生活。她四年级时，妈妈不幸出了车祸，一条腿被截肢。谷满月挺坚强的，一个人照顾她妈妈一年多。但是她很自卑，性格很忧郁，甚至有些古怪，在班里人缘不好，很不合群。

王娜老师找出满月的作文本，看到一篇描写孩子自己现实生活的文章，发现她妈妈的脾气极其暴躁，一点点小事都会暴怒，而所有的怒气都会发泄在她身上，有时会骂她打她，她有点承受不了了。课间王娜老师托一位同学告诉谷满月，让她中午放学后到办公室来找自己。下面是王娜的述说：

结束了一上午的课后，我回办公室整理教材。"报告"，很小的一声，我抬头看到了一个黑黑瘦瘦的、有些紧张的女孩，这就是谷满月了。

"王老师，您找我吗？"她很小声地说。

"没事，就是想和你聊聊，还想请你吃饭，可以吗？"

她很惊讶："请我吃饭？真的吗？为什么？"

"说说，你喜欢吃什么？"

她有些兴奋了："真的吗？随便，我吃什么都行的。"

"好，那咱们这就出发。"

途中，她显得很兴奋，不时和路边放学的同学主动打招呼，当同学们问她："你去哪啊？"她就很大声地答道："王老师请我吃饭！"这么开朗，和我了解到的她的性格不太一样啊。

路上我们聊了起来。

我说："听说你和妈妈一起过，是吗？她现在怎么样了？"

她说："我妈还那样，只能一条腿动。"

"那去医院看过吗？还有希望吗？"

"去了，去年就问过，医生说要装假肢，很贵的，我妈就一直待在家里，不过我每天都会给我妈揉腿按摩，那样可能有好处。"

"那家里现在生活靠谁给钱呢？你爸爸还管你们吗？"

"我爸以前还管，可是最近一年就不管了，没有音讯了，现在我舅舅有时给点钱。有时放学，我也会在路上捡一些瓶子带回去，周末可以捡很多卖钱，平时我们也不花什么钱，街坊们有很多卖菜的，每天会给一点的。"她说得很兴奋，可是听得我想哭。

"对了，老师，你怎么知道我和我妈的。"

"我今天看了你的作文，你不会介意吧？"

"没事的！"

"我看到你妈经常会打你、骂你，你不会怪她吧？"

“不会的，我不怪她。”她犹豫了一会儿，“有时也会有那么一点。”

“理解你妈妈吧，她比你更痛苦。”

“我知道，那次她嫌我干活没干好，就骂我、打我，打完我以后，又抱着我哭，哭了好久，我知道她心里很难受。”

我无语，心里很沉重。

说着到了餐馆，点菜时，我们互相把菜单推了几个来回，她坚决让我来点，说自己不会点。点完后，我们又聊了几句。

我问她：“那平时你和妈妈在家，吃饭怎么解决？”

她很自豪地说：“我做啊！”

“啊，你会做饭？都会做什么？”

“做米饭、炒菜、蒸馒头等等，一般的都会做。”

“哈哈，你太厉害了，比我会做的都多。”

“开始时我也不行，我妈就一点一点地在旁边教，慢慢的，就熟练了。”

一中午的时间很短暂，而我心里却很沉重，谷满月才12岁，可是肩上的压力太大了，照顾母亲，料理家务，捡废品挣钱，还有自己的学习。我想帮帮她，她需要增强自信。

之后，学校先后开展了“给父母洗一次脚”“为父母做一顿饭”等孝敬父母的活动，得到了家长们的强烈反响。经过体验，同学们懂得了化为行动的孝心，更理解了谷满月的不易。同时，学校全体师生开展了“为谷满月同学献爱心”的活动，成立了爱心小组，定期到满月家帮忙干家务。后来，在我校举行的评星活动中，谷满月以绝对的优势被光荣地评为校级"孝心星",照片被挂在学校"我是一颗明亮的星"展板的正中间。这些,成了谷满月生活和学习的不竭动力。后来,老师们都反映,满月各方面的积极性都有了很大提高,比原来开朗多了,总是面带笑容,自信得就像换了一个人似的。班集体的事情更是抢着干,学习也变得劲头十足,开始敢于和同学们讨论问题,也敢于和老师亲密交流。看到满月的变化,作为老师,我们倍感欣慰。当然,满月也成了我办公室聊天的常客,一直到毕业。

现在,满月已经毕业了一段时间,我相信,无论她以后干什么工作,都一定会把互爱的精神传递下去,我对她有信心!

让孩子感受到精神能量,不仅是让孩子知道你在关心他,而是你真正理解他,知道他的难处,了解他的希望和梦想,鼓励他;让孩子从教育者身上知道,人有尊严、有力量,才可以突破面前的一切困境。而且,人们互相的善意和爱,能让人焕发出特别的光彩。

医药上有一种安慰剂,其实本身并无特别药效,但是经过医生对病人的暗示,不少服用安慰剂的人能够霍然而愈。人的精神力量之强大,可以实现奇迹。精神能量不是安慰剂,更无须欺骗,只要教育者将自己的善意、沉着和关怀传递给孩子,孩子就能吸收并发挥这些伟大的力量,他会变得强大,有安全感,充满自信。而这些,比一个孩子某一次考了好成绩,上了某个好学校要重要得多,也比任何知识和技能的传递都关键。

在我们的调查中发现,不少成绩好的孩子其实也厌学。厌学与成绩的好坏没有必然的关系。那些厌学的"好孩子"可能更快掌握了考试的门道，更多知道了在老师和家长面前伪装自己本心的技巧，但他们的心中对学习同样是抵触的，有一个很重要的原因就是，他虽然看似学习得不错，但是内心却是冰冷的，甚至是缺乏安全感的，需要在别人不断的夸奖声中才能找到一些学习的动力，但是一旦出现了批评和质疑，他们的内心便无法承受。不少看起来优秀的好孩子突然之间成绩一落千丈，教育者们往往从学习方法上去狠抓，从老师、同学关系上去想办法，但是却忽略了对孩子内心的关照——当他的心已经感到恐慌，学什么都是没有用的。

四、收敛为一股平静之气

教育就是一种灵动的气韵

"气"在中国文化史、科技史、思想史上均占有重要地位。在教育上，却很少人引用这个概念。其实，教育的过程恰恰也是运气，然后收敛为一股平静之气的过程。气顺则人顺，气和则人和，人都是在一种生动的气韵中生活、成长的，因此，为孩子提供一种气韵生动的"场"，是孩子的心灵得以滋养的唯一途径。甚至可以说，平静而生动的气韵是培养孩子美德的大格局。

收敛为一股气息、气韵，首先要从人的心情谈起，因为心是"气韵"的生发之源。所谓心情，心是心灵，情是情绪，情绪是心灵的外在展现，因此，人也可以从把握人的情绪角度来理解人的心灵。**回归教育的纯真，就是以自己的平静心情，培养孩子的平和心情。**

对于教育者来说，更需要静心、收心，需要控制情绪，否则，再好的教育内容在人的坏情绪的作用下，都会变得令人生厌。教育者之美，不在于外貌，而在于"平夷"的美好心情。

《关尹子》中说："情，波也；心，流也；性，水也。"情感、情绪就像水流动时的波浪。人的意愿和愿望，就像水的流动，形成了一定的趋向，有一定的态势(动能和势能)。而"性"是人的本能、需要。

控制情绪是教育者的基本功

教育者情绪化是很常见的事，也是消散人的"气韵"的第一大敌。但人的高明在于能调节好自己的情绪，拿破仑说过："能控制好自己情绪的人比能拿下一座城池的将军伟大。"人内在的不自由，通常是被来自内心的不良情绪左右，这些不良情绪在生活中时时涌现。实际上，情绪一坏，一个人就在心理力量上被解除了武装，坏情绪更会伤害别人。

有一个男孩很任性，常常对别人发脾气。一天，他的父亲给了他一袋钉子，并告诉他："你每次发脾气时，就钉一颗钉子在后院的围墙上。"

第一天，这个男孩发了37次脾气，所以他钉下了37颗钉子。慢慢地，男孩发现控制自己的脾气要比钉下一颗钉子更容易些，所以，他每天发脾气的次数就一点点地减少了。终于有一天，这个男孩能够控制自己的情绪，不再乱发脾气了。

父亲告诉他："从现在起，每次你忍住不发脾气的时候，就拔出一颗钉子。"过了许多天，男孩终于将所有的钉子都拔了出来。

父亲拉着他的手，来到后院的围墙前，说："孩子，你做得很好，但是现在看看这布满小洞的围墙吧，它再也不可能恢复到以前的样子了。你生气时说的伤害别人的话，也会像钉子一样在别人心里留下伤口，不管你事后说了多少次对不起，那些伤痕都会永远存在。"

这个故事我们经常说给孩子听，其实教育者自己也需要牢牢记住。不少家长跟我反映孩子的问题，说着说着情绪就很激动。他们也会反省自己，但往往是轻描淡写地说："我这个人情绪上来之后就控制不住。"家长总是认为孩子还小，不声色俱厉，孩子就记不住。但是孩子的自尊心远比家长们想象的要强，如果一个家长情绪失控，口不择言，对孩子的伤害往往会是根本上的，甚至会让孩子产生终身的自卑感和负罪感。**孩子的心灵是柔软的，如果一开始的成长就是一面布满了漏洞的矮墙，他也许需要用一生的力量去修复那些伤害。**

静水流深，除了湍急的水流有力量之外，看起来平静的水流更有不可抗拒的力量。暴跳如雷是一种懦弱无能的表现。孩子在最初的害怕和恐惧之后，接下来考虑的就是如何逃避，甚至会毫无心理障碍地撒谎、推卸责任。我相信，当严厉的家长和老师们看到孩子们从恐惧到无所谓，再到不屑时，会产生多么强烈的挫败感。

事实上，人的情绪是可以控制的。一般来说，控制不良情绪的主要方法有转移、分散、弱化、宽容、解脱、升华和表达。

转移。转移就是将注意力从引起不快、焦虑、痛苦等不良情绪感受的事物和人身上转移开，可以转向自己喜欢做的一件事。当发现情绪之魔要找上自己的时候，马上提醒自己，离开现场，干点无关紧要的事，跟别人聊聊天会是一个很好的转移方式。

分散。分散是在同时面临多种不良情绪时，把引起烦恼的源头分散开来，各个击破。在烦恼的时候，往往更容易把烦恼的事情联系起来，而这会加深烦恼的程度，不利于摆脱不良情绪。所以，越是烦恼的时候，越要一个个地对付，以免陷入夸大问题的境地。

弱化。弱化就是不作为的方式，即不记忆、不思考、不想烦恼。有人说，把烦恼写在沙滩上，让它随着大海的潮涨潮落而去，确实很有道理。越是对烦恼的事情念念不忘，越是重视它，就越不能摆脱它的束缚和控制，只有让它自己"觉得"自己什么也不是时，才更容易摆脱它的控制。

宽容。宽容是指在生气的时候，学会原谅别人。生气，其实是因为别人的过错而惩罚自己，所以原谅了别人也就是饶恕了自己。有的人因为别人的一个错误而厌恶他的一切，甚至用极端的方式来表达自己的不满，如果能够多一些宽容和体谅，相信就可以避免很多不愉快。

解脱。解脱是换一个角度来看待令人烦恼的问题。"存在就是合理"，很多事情虽然让我们觉得别扭，但它既然存在了，就有存在的环境和原因。徒然为一种事情的存在而烦恼，不如去从更深、更高、更长远的角度来看待它、理解它，跳出它的圈子，使精神得到解脱。

升华。升华就是利用强烈的情绪冲动，把情绪往积极的方向引导，使情绪有建设意义和价值。对待别人的嘲讽、讥笑等，最容易产生激烈对抗的情绪，可是这种情绪只能破坏和对方的关系，而毫无建设性。只有化之为发愤努力，用行动来让别人改变他们的态度，才是最佳选择。

表达。表达就是找别人谈心或写到纸上，把自己的委屈、烦闷、气愤和申辩等都说出来或写下来，使自己的不良情绪得到宣泄。

或许，上面的方法你还是觉得太过理论化，那么还有一种方法更简便些，那就是行为塑造法。因为行为也可以影响情绪，比如，你强迫自己微笑，立刻就会有几分快感。所以，你可以对自己的行为提出硬性规定，让自己每天面对别人，包括你最讨厌的人的时候都面带微笑，遇到难题的时候必须微笑。过不了多久，你就会发现，这个世界没有什么是值得烦恼的，很多人也不像你想的那么讨厌，很多事也不像你想的那么难做了。

心情好，其实不需要理由，人与人之间修养的差距，有时候就是看如何解释不利事件。在一流的教育者眼中，每个孩子都是顺眼的，如果看到某个孩子某个方面不尽如人意，应该想到这样一句话：看孩子不顺眼，是因为自己修养不够。

注重心情的教育，才有美好的教育，才是回归心灵深处的教育。一位教育家说："我想要你将每一样东西都放在正确的位置上，如果爱与逻辑之间有任何冲突，那么应该由爱来决定，不应该由逻辑来决定，如果头脑和心之间有任何冲突，必须先听心的。"教育者，首先应该打开自己的心门，然后用自己的心灵去沟通、打开孩子的心灵，这才是教育的真谛。

> 💡 注重心情的教育，才是美好的教育，才是回归心灵深处的教育。

我们知道，人的心情好了，

工作与学习的效率就会提高，人的一切创造都是在自由的心态下发生的。孩子也一样，如果心情好，到了学校后，整个身体的细胞是开放的、舒畅的，保持这样的状态去学习，学习就变得快乐；反之，如果孩子的心是灰凉的，大脑的潜能就被禁锢了，主动发展的欲望随之就失去了。

在浮躁的社会中做优秀的教育者，更需要一份心境上的平静。以平静的心面对孩子，坚守教育的纯真，将一切教育的期待收敛为一股平静之气，以气养气。因为，在平静的背后，孩子的成长空间才能得以充分拓展。

第三章
全面依靠孩子

一、我们唯一要做的事情

教育者唯一要做的事情，是保护甚至捍卫孩子的主动性。很奇妙的是，一旦建立了保护孩子主动性的信念后，教育者表现出来的教育素养就是"无为"，因为只有真正做到无为，才能切实保护孩子的主动性。在孩子的成长面前，最好不要刻意做什么，才是教育的大智慧。

20世纪80年代，中国派一个访问团去美国考察初级教育。回国后，访问团写了一份三万字的报告，在见闻录部分，有四条总结：

(1) 美国孩子无论品德优劣、能力高低，无不趾高气扬、踌躇满志，大有"我因我之为我而不同凡响"的意味。

(2) 小学二年级的孩子，大字不识一斗，加减乘除还在掰手指头，就整天奢谈发明创造，在他们手里，让地球掉个头，好像都易如反掌似的。

(3) 重音、体、美，而轻数、理、化。无论是公立还是私立学校，音、体、美活动无不如火如荼，而数、理、化则乏人问津。

(4) 课堂几乎处于失控状态。孩子或挤眉弄眼，或谈天说地，或跷着二郎腿，更有甚者，如逛街一般，在教室里摇来晃去。

结论是：美国的初级教育已经病入膏肓，可以这么预言，再用二十年的时间，中国的科技和文化必将赶上和超过这个所谓的超级大国。

在同一年，作为互访，美国也派了一个考察团来中国。他们在看了北京、上海、西安的几所学校后，也写了一份报告，在见闻录部分，也有四段文字：

(1) 中国的小学生在上课时喜欢把手端在胸前，除非老师发问时，才举起右边的一只；幼儿园的孩子则喜欢将手背在后面，室外活动时除外。

(2) 中国的孩子喜欢早起，七点钟之前，在中国的大街上见到最多的是孩子，并且他们喜欢边走路边用早点。

(3) 中国学生有一种作业叫"家庭作业"，据一位中国老师解释，它的意思是学校作业在家庭的延续。

(4) 中国把考试分数最高的学生称为学习最优秀的学生，他们在学期结束时，一般会得到一张证书，其他人则没有。

在报告的结论部分，考察团写道：中国的学生是世界上最勤奋的，在世界上也是起得最早、睡得最晚的；他们的学习成绩和世界上任何一个国家的同年级学生比较，都是最好的。可以预测，再用二十年的时间，中国在科技和文化方面，必将把美国远远地甩在后面。

三十多年过去了，美国"病入膏肓的教育制度"共培养了五六十位诺贝尔奖获得者和近两百位知识型的亿万富豪，而中国还没有。中国和美国教育考察团的预言都错了。

当然，我不认为培养五六十位诺贝尔奖获得者和近两百位知识型的亿万富翁，就是教育的成功。我对美国教育也有过实地考察和研究，也并不认为他们的教育比起我们有多强，但是无论这个故事是否属实，这个"黑色幽默"却让我们反思：敢不敢彻底给孩子松绑？为什么孩子是可以依靠的，而且是可以彻底依靠的？

我有幸结识了积极推动中国教育变革的郭思乐教授，了解到他倡导的"生本教育"。我曾应郭教授之邀到广东的各生本教育实验学校考察、研究与演讲，与郭教授成为忘年交。

郭教授对我颇有勉励与指点，他曾在发给我的短信中说：你自是，聪明之极，不可思议，跟着你，年轻的鹰，走在教育的霞光里。而实际上，郭教授所达到的境界已经极高了，他所提出的"生本教育"理论代表着中国教育前进的方向。其核心理念之一就是"全面依靠孩子"，与新时期养成教育的观念不谋而合。全面依靠孩子，就是把以往教学中主要依靠教育者的"教"，转变为主要依靠孩子的"学"。而教育者则要"退后"。教育的作用和价值，体现在最大限度地调动孩子的内在积极性，组织孩子自主学习。这不仅仅是教育方法的转变，更是教育观念的彻底颠覆。

记得有一位朋友问郭思乐教授："什么是教学？"

郭教授回答说："如果你告诉学生，'3乘以5等于15'，这不是教学。如果你说，'3乘以5等于什么'，这就有一点是教学了。

> 💡 教育者的作用和价值，体现在最大程度地调动孩子的内在积极性，组织孩子自主学习。

如果你有胆量说'3乘以5等于14'，那就更是教学了。这时候，打瞌睡的孩子睁开了眼睛，玩橡皮

泥的学生也不玩了："什么什么？等于14？'

然后他们就用各种方法，来论证等于15而不是14。比如4个3是12，再多加一个3，是15；数一数，5个3是15，等等。"

这一段小小的对话，体现了郭思乐教授"全面依靠孩子"的大智慧。无独有偶，我后来观察研究了近年来被教育界奉为榜样的山东杜郎口中学的教学发展思想，至少在全面依靠孩子方面与生本教育理论是相通的。在杜郎口中学办学模式中，其教学发展原则正是"相信学生、发动学生、依靠学生、发展学生"。该校校长崔其升提出："把学习的权利还给学生，把学习的自由还给学生，把学习的快乐还给学生，把学习的空间还给学生。"这段话很精彩。

但是，据我的观察与多次听课观摩，杜郎口中学甚至著名的江苏洋思中学教学模式的"依靠"还是不够彻底、不够全面的，在课堂上依然可以看到教师的"有为"和"雕琢自我"的痕迹。除了教育观的变革不够彻底，还有一个主要原因是教育理念本身没有系统化。没有系统化，就不可能成为一个稳定的、可持续的、科学的发展机制。

在教育过程中，很多的教师和家长根本不敢"放"，也就是即使知道了"依靠孩子"的重要性，但由于被惯性思维的力量控制，"放"而不下，结果导致"虚伪"的"依靠"。我认为，**教育观念的变革需要彻底，不彻底不如不变革。**

二、让孩子像野花一样生长

　　有南方或者东北地区山地生活经验的人都知道，种植水稻需要人工插秧，人工插秧就是把培植好的秧苗，按照事先牵好的线索和格子，整齐地种植到水田里。这个方法在我国沿用了大概三千年。这个方法的缺点：一是劳动强度大，一个成年劳动力一天最多能插一亩地；二是水稻产量低下，因为受力不同，所以秧苗深浅不一，导致很多秧苗要挣扎很久才能正常生长。

　　20世纪，我国开始了一次重大的变革——应用抛秧技术，把培育好的秧苗"随便"地扔到水田里，让秧苗自然生长，结果彻底解放了生产力。按照国家科技部的资料分析，抛秧至少有以下优点：

　　(1) 操作灵便，不受田地大小限制。

　　(2) 省工、省力、省时。抛秧比人工插秧提高工效近十倍，作业效率高，有利于促进劳动力转移，发展农村经济。据说，一个小孩就能一天抛秧十亩水田。

　　(3) 抛秧具有分蘖早发优势，不缓苗，返青快，秧苗入土深浅适宜，低节位分蘖，根系发达，生长旺盛等特点。由于地表的热、肥、水、气候等环境优越，抛秧入土深浅适宜，因此，抛秧分蘖节位低，发生分蘖多；而人工插秧入土较深，分蘖节位较高，平均要比抛秧提高2个节位，且分蘖数量少。

(4) 增产增收，经济效益显著。抛秧地块通风、透光好，病虫害少，而且不用缓苗，有效成熟穗多，所以产量高，效益显著，一般可增产14%左右。

其实，教育也需要"抛秧"，我们人为控制孩子的生长，就等于执着地"插秧"，而依靠孩子自主发展，就等于无为地"抛秧"。

作家冰心说"让孩子像野花一样生长"，这应当是现代教育变革的总纲领。不妨先说说孩子的内心世界。所谓内心世界，就是各种影响孩子行为的心理要素的总和，研究和了解孩子的内心世界，才能正确把握教育的真谛。

人的内心世界由人的个性、需要、价值观、态度和动机等几个要素组成。前三个要素影响和决定了人的态度，态度是它们的综合与代表，所以态度是内心世界各因素的核心。态度跟外界诱因结合就产生了动机。在外界时间、地点、条件都适合的情况下，动机就变成了行为。我的老师、教育家杜和戎曾为此绘制了一张图(见图3-1)。

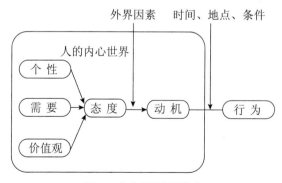

图3-1 人的行为发展模式

　　人的主动发展，其内心世界的关键是态度，而态度的核心却是"自主选择"，这是最能体现人的主动性的成分，是人作为万物之灵最值得引以为豪的一个因素，我们不妨把它叫作人的"魂儿"，我们平时讲某某"像丢了魂儿似的"，指的就是他失去了自主选择。

　　现代教育中，须先承认这个"魂儿"的重要性，并以此为孩子自主发展的线索，才能从教育的困局中解脱出来。"抛秧"的做法，就是赋予秧苗自主选择的权利，使其按照自己的生长规律自由自在地生长。按照人的内心世界的规律，孩子的成长也需要我们赋予其"自主选择"的机会和可能，使其按照自我期待来要求自己。当然，需要说明的是，秧苗和人还是有区别的：秧苗是植物，外在因素比较简约；而人是社会性动物，人复杂的社会属性及环境也将从他律的角度对人产生影响。但两者相通的一点是，使其自由生长，才能从根本上解决问题。

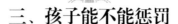

三、孩子能不能惩罚

人只要实现了自觉管理，就会为自己而努力。也就是说，当我们的孩子建立起了责任心，就很有可能迁移到学习上来，即会逐渐明确：我为自己上学。

这正是我们教育者梦寐以求的，引导孩子喊出"我为自己上学"这个心声的两个秘诀，就在于培养和巩固孩子的责任心。

首先，责任心萌芽于"拥有自己的秘密"，因此，先贤曾说："没有秘密的孩子长不大"。

其次，责任心稳固于"在错误中受到惩罚因而内疚"，因此，教育也需要惩罚(并非体罚)。

允许孩子有秘密，除了尊重孩子的隐私是教育者的基本道德以外，更加重要的是——没有秘密的孩子，心灵世界是单调的、狭窄的。

允许孩子有秘密，是帮助孩子走向独立的踏脚石。从教育学的角度来说，走向独立是现代人的基本特征之一，而拥有个人秘密并能恰当处置正是走向独立的要素。秘密往往与责任相连，并且要独立承担责任。

据《信报》记者杜丁调查撰文，大多数家长都偷偷翻看过孩子的书包，偷看孩子的日记。一项专项调查结果显示，70%的孩子都强烈反对父母的这一行为。

有一位15岁的女孩这样写道："有一个星期天，我准备痛

💡允许孩子有秘密是帮助孩子走向独立的踏脚石。

快地玩一天，因为一个星期的紧张学习使我头晕目眩，两眼发花。可是，在我玩累了回来时，发现我的书包被翻过了。于是，我立刻想起了书包里的日记本。果然，日记被妈妈翻看了，并且写了留言。虽然她向我道了歉，但这道歉又有什么用呢？日记写的是我心中的秘密，是我从来不肯泄露的私事，我从没对父母说过，可妈妈竟查了我的书包！

我又羞又愤，决了堤的泪水发狂地流！我真想大声对妈妈喊：你为什么要这样做！母爱，这是母爱吗？伟大的母爱，是了解、关心和爱护呀！我真想冲出家门，去远方，甚至想到了死……

有一位孩子为了防备父母偷看自己的日记，准备了两个日记本，一本是写给父母看的，都是要好好学习之类的话；另一本则是自己真正的心里话。当妈妈打开孩子的日记本时，上面写着：妈妈，我知道你要看我的日记本的……

这些让人啼笑皆非的故事应该让每个家长和老师深思。家长们的误区在于，以为自己是"过来人"，孩子还小，不知道保护自己，所以要查看日记，以"随时掌握孩子的动态"，"防微杜渐"。有的老师让孩子交日记，可想而知，这些所谓的日记不是编的，就是装模作样的。**孩子需要有自己的世界，在这个世界中摸索、碰撞，在这个过程中知道问题的边界，找到解决问题的方案。**

任何粗糙的插手，都会让孩子在自己找寻坐标的过程中感到被监视，甚至感到羞辱。

惩罚是必要的，就是要让孩子为自己的过失负责。

多年前我曾经力促孙云晓教授写一本关于自己教子经验的书，后来就有了《我要做个好父亲》这本独特的书。孙老师的女儿孙冉我也熟识，由于得到了民主的教育，发展得很好，没有上过什么名牌中小学，却靠自己的努力考上了复旦大学，现在已在一家国家级的新闻单位做了记者。在这本书中，孙老师讲了一个关于责任心培养的故事——

以前，每天早晨孙老师都会催他女儿起床，可女儿总是不情愿地说："再睡会儿。"如果真迟到了，她又会抱怨父母不把她拽起来。之后，孙老师就决定让女儿自己对自己的事负责。他让女儿自己定闹钟。有一次，闹钟响了，她把闹钟一按又睡了，结果一觉睡到十点半，受到老师的批评是自然的了。可她又不能怪父母，因为她应该对自己的行为负责。

从那以后，她就摆两个闹钟在房间，叫自己起床。终于，女儿不再需要父母催促，而且学会了自己整理床铺、准备早餐。这是她摆脱对父母的依赖，走向独立的基础，而这正是在增强了责任心的前提下实现的。

孩子由于年幼，缺乏知识和经验，经常会造成一些过失，这并不奇怪。重要的是，要让孩子认识到自己的过失，并且要承担责任。美国前总统里根在他的回忆录中提到这样一个故事：

里根11岁时，一次踢球把邻居家的窗玻璃打碎了，邻居要他赔12.5美元。他只好回家找爸爸。

然而爸爸了解了事情的经过后，让里根自己想办法。里根很为难地说他根本没有这么多钱，爸爸就借给他12.5美元，并告诉他一年后偿还。此后，里根开始了艰苦的打工生活。经过半年的努力，他终于挣足了12.5美元，还给了父亲。

后来，里根回忆说，正是通过这件事，使他懂得了什么是责任，懂得了一个人要对他的过失负责。一般来说，孩子有过失的时候，恰好是教育的良机，因为内疚和不安使他急于求助，而此时给予自觉的机会，可能会吃一堑长一智，由此走向成熟，有可能使孩子刻骨铭心，成为一个有责任感的人。

近年来，"赏识教育"盛行，不过清醒的人都知道，单纯的赏识是不可能教育好孩子的。

在教育的十八般武艺中，惩罚也是很必要的，因为人的发展是艰苦的，是"先痛然后快乐"式的不断自我更新。但这里所说的惩罚不是教条，更不是单纯的打骂，而是以民主为内核精神的自我惩罚。

有人说，惩罚教育会使得亲子或者师生关系变得紧张，那我们可以反问：溺爱、放任不管就可以形成良好的关系吗？惩罚的目的不是惩罚本身，而是培养孩子的自我管理能力，并且克制"以自我为中心"的意识膨胀。

四、教育者最好少一只手

我们可以假想自己只有一只手，于是在孩子面前，我们成了需要他帮助的人。结果，孩子不仅能很好地完成自己的事情，而且还能在帮助你的过程中独立起来。

很可惜的是，在独生子女这个人类史上的奇迹面前，我们的教育者恨不得长出三只手、四只手来，结果大幅度地延迟了孩子的自主与独立能力。人是在自主活动中获得觉悟的，因此，**教育者的一个善行就是：最好少一只手。**

卢梭曾在他的名著《爱弥儿》中自问："什么是最好的教育？"他自己回答说："最好的教育就是什么也不去做。"这话不敢说是真理，但它发人深思。反观我们现在的教育者，是不是做得有些过多了呢？孩子们常常并不是为了自己的理想而努力，而是为了教育者的目标而奋斗，这样的"做"当真不如"什么也不去做"！

法国作家福楼拜到五六岁时才逐渐学会说话。上小学以后，也总是学不会写字。当外科医生的父亲，看到小福楼拜的学习成绩一点儿也没有长进，就认为他是个"笨儿子"。实际上，福楼拜的学习成绩确实不好。他勉强接受了义务教育。以后，尽管福楼拜多次努力，想考进高一级的学校，但都因为考试成绩差，没有被录取。不仅如此，每次考试时，他的癫病都要发作一次。

福楼拜的父亲为他的学业和前途感到忧虑，想让福楼拜继承他的医生职业。为此，父亲整天不离左右地看管福楼拜用功学习，可是，福楼拜的学习没有一点儿进展，成绩还是很糟糕。福楼拜长到18岁的时候，当父亲知道福楼拜没有要做医生的愿望时，要求他去巴黎学习法律。

有一天，福楼拜的癫病又发作了，他倒了下去。这年，福楼拜已经23岁了。父亲为了给福楼拜治疗癫病，就不再督促他学习，后来父亲渐渐对福楼拜的前途丧失了信心，干脆放弃了对福楼拜学习的期望和要求。福楼拜在精神上摆脱了一切束缚，这时才发挥出他潜在的才能。

福楼拜闭门不出，阅读了大量的文学著作，常常沉浸于文学与幻想之中。在灵感的启示下，福楼拜接连不断地创作出具有深刻的思想性、广泛的社会性，以及具有文学价值和欣赏品位的作品来。虽然他写得慢，但是他的创作热情很高。他的代表作《包法利夫人》，用了六年的时间写成。在创作《圣安东尼的诱惑》时，福楼拜多次改变构思，推敲主题和立意。出版定本时，已经是在他着手写作这本书的二十五年之后了。

当父亲"什么也不做"的时候，福楼拜成功了！值得反思的是，福楼拜的成功并不是父母教育的结果，而恰恰相反，是在他成为一个没人管教的"自由人"以后，自身的文学潜质得到了超常发挥的结果。而在中国，多少教育者千方百计地尝试使孩子成才，多少家长殚精竭虑、不辞劳苦，甚至牺牲自己的事业和爱好，用自以为正确的方式管教、指导孩子，但往往不但没有效果，甚至还不乏悲剧性的例证。过度教育导致事与愿违，一部分原因就是教育者不仅用双手在护佑孩子，甚至恨不得多生出几只手，多长出几双眼，死死盯住孩子，让孩子能顺利走向教育者设想的未来。

"少一只手"并不是对孩子放任自流，而是在尊重孩子的前提下，最大限度地给予他们自由发展的空间，也许你会发现，孩子收获的，比你期望的要多得多。

五、放下自我，敢于"装傻"

教育者要保护孩子的主动性，关键是放下自我。

佛经里说："放下执着，就成为阿罗汉，放下分别，成为菩萨，放下妄念，成为佛。"这对教育是有重要启迪作用的。教育者的美德是由放弃自我而成的，比如放下我们固守了很多年的师道尊严。

"放下自我"说起来容易，实践起来很难。能否做到真正的"无我"，把自我缩小到比尘埃还小，镶在孩子的眼睛里，而且孩子也不会感觉不舒服。

所谓放下，主要是：一是放下面子，向孩子学习。一旦有勇气向孩子学习，你将收获到的是孩子自己主动学习，何乐而不为呢？二是放下虚荣，有困难问孩子。一旦有困难找孩子，哪怕是教育孩子过程中出现的困难，当你请教孩子的时候，他或许会给你一个奇迹般的答案——比任何高明的教育家告诉你的答案更精彩、绝妙。

向孩子学习，不仅仅是对教育者的要求，还有其时代的必然原因。人类学家玛格丽特·米德在其著作《文化与承诺》中所描述的 "并喻文化"现象正越来越广泛地影响着人们的生活。"并喻文化"，就是指两代人互相学习才能生存和发展的文化，是相对于"前喻文化"和"后喻文化"而言的。简单地说，"前喻文化"就是新一代人向老一代人学习才能生存；"后喻文化"，即老一代人需要向年青一代人学习，社会才能进步；而"并喻文化"中，孩子们常常是生活中的老师，作为孩子的教师，在科技知识和文化信息方面不如孩子的现象也十分普遍。

"教育者是孩子的学生"，不是一种夸张的口号，而是无法回避的现实。孩子对教育者的影响主要体现在以下几个方面：

一是在涉及事物的好坏、对错判断的价值观方面；

二是孩子对社会和人生的理解、对消费的看法以及审美和生活情趣方面；

三是在对数字化电子产品的使用和对文化新潮流的了解方面。

据我的观察，相对于刚刚入门的教育者而言，那些似乎有着传统丰富经验的教育者更加难以放下自我，因为他们更加沉迷于显示自己的丰富学识。在家庭和课

> "教育者是孩子的学生"，这不是一句夸张的口号，而是无法回避的现实。

堂上，我们可以经常看到这样的教育者，他们知识渊博，知晓深刻的人生道理，于是为了显示自己的高大，在孩子面前俨然是权威。孩子在权威面前，除了敬佩以外，只有听命的资格，根本看不到自我。坦率地说，就教育而言，我宁愿我们的教育者在孩子面前是无知的，只是虔诚地向孩子学习，那样也能激发出孩子的主动发展。但这似乎也不理想，因为教育者没有足够的知识修养，很难做到从容有度，违背了教育的双基要求。

这方面，老子为我们提供了一个解决方案，在他的《道德经》中，有一个词使用极为频繁，那就是"若"。比如大成若缺，大直

若屈，大巧若拙等等。这个"若"一般翻译为"就像"，按照易中天先生的解释，是"装"的意思，老百姓要"装蒜"，为政者要"装"，则叫"韬光养晦"。

我认为，这个境界对于教育者来说也很形象，那就是要"装"，叫"装傻"，特别是对于娴熟的、经验丰富的教育者来说，学会装傻，是放下自我的第一步，也是关键的一步。

其实，在生活中，那种看似后知后觉、实则不断超越自己的"傻子"比一些聪明人更让人敬佩。这样的"傻子"从不认为自己聪明，甚至认为自己很笨，所以，要么努力笨鸟先飞，要么虚心学习以求精进，最后终成大器。

自以为很幸福的人，一定是幸福的；自以为聪明的人，通常是愚蠢至极的人，因为当你自以为很聪明的时候，你的内心已经开始不能自己，周围的人将离你很远。

每一个人在不同时空之下，都可能自以为很聪明，自以为可以取得天下，自以为所有的一切都可以掌控在自己的手心里，自以为匹夫不可夺志，自以为……

鲁迅说："世界上的事是傻子干出来的，那些聪明人为着名利而来，干了不光彩的事情，把世界推向黑暗深渊，结果他们也跟着沉沦，而世界依然在傻子手里，推向前进，世界是傻子的世界啊。"人的傻有时候是必要的。

勇于做"后知后觉者"，在孩子学习时，务必缓"说破"，给孩子自由的思考空间，甚至敢于装傻，虽然暂时会觉得丢了一些"面子"，而实际上，孩子将因此获得智慧，而教育者将获得最终的成功，这才是真正的双赢。

教育的很多问题，根源在于教育者放不下自己的权威、尊严，认为自己时时处处表现得比孩子强才能树立权威。这既是个理念误区，也是个巨大的心理障碍。**教育者的目的是让孩子成长，而不是显示自己的聪明与才华**，这样，即使获得了尊重，也是带着负面的尊重，总有一天会被孩子抛诸脑后，真正的"权威性"是等孩子长大后回想起来的"权威性"。

六、理想教育永不过时

理想的三个层次

近些年来，很少看到人谈理想教育了，因为人们认为它听起来很空洞、概念化。

其实，理想教育永远不会过时，不管孩子是做事还是学习，其兴趣和热爱乃至激情通常来自于生活理想、职业理想和社会理想。

理想是一枚深藏的火，可以抵御黑暗，度过艰难。在最见不到光的日子里，人的心灵也有来自理想火光的照耀，更能在坦途中提供能量。20世纪的上山下乡运动，大量的孩子与书本隔绝，与正常的学习机会绝缘，但是在若干年以后，这些人之中依然出现了名震中外的教授、杰出的作家、成功的商人……他们各有禀赋，但是禀赋绝不是决定他们成功的根本，他们和其他聪明的同龄人最大的区别是，他们的心中有这枚火种，这团火可以让他们不放弃，让他们在有第一个机会的时候就被照亮，让他们在最晦暗的日子里也能学习和有所收获。

理想教育关键是要建立一个有机系统，人的动力分三个层次，呈阶梯状态有机存在。

第一层次：生活理想。

首先是物质上的要求。当一个人饥寒交迫的时候，会感觉到对物质最强烈也是最真实的渴望，这种动力经常转化为对金钱的向往。这种动力最为基本，但力量最为强大。比如，农村孩子为了改变家族的命运，为了过上富足的生活，刻苦求学，表现出来的学习热情非一般城市孩子能比。

其次是对爱情的要求。当一个人爱上一个人以后，就是上刀山，下火海，即使粉身碎骨也在所不惜，爱情的动力能让人充满激情与热爱。不过这个层次的理想容易腐蚀人，使人沉迷。

第二层次：职业理想。

职业，就是将来要做怎样的事情。当一个人的职业理想确定以后，再大的困难他也会试图克服，并且不容易放弃，也不容易被其他因素诱惑。初中以上的孩子，要让他热爱学习，通常要从这个角度出发进行引导，激发孩子的学习兴趣与热情。不过这个层次的理想有可能影响人的全面综合发展。

第三个层次：社会理想。

社会理想是指一个人的抱负。我经常讲到一个故事：

1978年，世界上最伟大的雕塑家之一亨利·摩尔接受访问："作为一个80岁的老人，想必您肯

> 💡 理想牵引越早越好，教育者要尽早在孩子的内心装一个发动机。

定已经知晓生命的秘密，能不能告诉我们那是什么？"这位作品中充满人文主义精神的老人停顿片刻，微笑着说："生命的秘密就在于，

在年轻的时候就确认自己必须完成的一个任务，一个在你有生之年需要用全部时间和全身心去完成的任务，而且最重要的是，这必须是一个你无法实现的任务。"

这个层次的理想也有不足，有可能被意识形态化。

不同层面的理想不分高低，都很好，但都有缺陷和不足。不过，一个人如果没有大理想，就没有气势；没有中理想，就会缺乏计划性；没有小理想，就不会勤奋。因此，理想牵引，越早越好，教育者要尽早在孩子的内心装一个发动机。

理想不分国度，在美国精神中，理想的光芒同样熠熠生辉。奥巴马当选美国总统后，曾经给他的一对女儿写了一封信，有一段是这样写的：

有时候为了保护我们的国家，我们不得不把青年男女派到战场或其他危险的地方，然而当我们这么做的时候，我要确保师出有名，我们尽了全力以和平方式化解与他人的争执，也想尽了一切办法保障男女官兵的安全。我要每个孩子都明白，这些勇敢的美国人在战场上捍卫的福祉是无法平白得到的：在享有作为这个国家公民的伟大特权之际，重责大任也随之而来。

这正是我在你们这个年纪时，外婆想要教我的功课，她把独立宣言开头几行念给我听，告诉我有一些男女为了争取平等挺身而出游行抗议，因为他们认为两个世纪前白纸黑字写下来的这些句子，不应只是空话。

　　她让我了解到，美国所以伟大，不是因为它完美，而是因为我们可以不断让它变得更好，而让它变得更好的未竟工作，就落在我们每个人的身上。这是我们交给孩子们的责任，每过一代，美国就更接近我们的理想。

　　我希望你们俩都愿接下这个工作，看到不对的事要想办法改正，努力帮助别人获得你们有过的机会。这并非只因国家给了我们一家这么多，你们也当有所回馈，虽然你们的确有这个义务，而是因为你们对自己负有义务。因为，唯有在把你的马车套在更大的东西上时，你才会明白自己真正的潜能有多大。

　　这些是我想要让你们得到的东西：在一个梦想不受限制、无事不能成就的世界中长大，长成具慈悲心、坚持理想、能帮忙打造这样一个世界的女性。我要每个孩子都有和你们一样的机会，去学习、梦想、成长、发展。这就是我带领我们一家展开这趟大冒险的原因。

　　从奥巴马的信中，我们可以领会到作为一位父亲对理想与责任的深刻理解，人必须在承担理想与责任的过程中，才能认识、激发自己的潜能，责任心、爱国心的培养，是开发潜能的必要条件。

目标管理

　　理想教育的第一个要求，是引导孩子形成目标管理的习惯。

　　没有目标的努力是没有实际价值的，而没有目标的指引，孩子的潜能是无法释放的，所以，激发孩子的学习潜能应当从目标的确定开始。

1952年7月4日清晨，加利福尼亚海岸笼罩在浓雾之中，在海岸以西21英里的卡塔林纳岛上，一个34岁的女人涉水下到太平洋中，开始向加州海岸游过去。要是成功了，她就是第一个游过这条海峡的妇女，这名妇女叫费罗伦丝·查德威克。在此之前，她是从英法两边海岸游过英吉利海峡的第一名女性。

15个小时之后，她很累，又冻得发麻。她知道自己不能再游了，就叫人拉她上船。她的母亲和教练在另一条船上，他们都告诉她海岸很近了，叫她不要放弃。但她朝加州海岸望去，除了浓雾什么也看不到。

几十分钟之后——从她出发算起15个小时零55分钟之后，人们把她拉上船。又过了一个小时，她渐渐觉得暖和多了，这时却开始感到失败的打击。她不假思索地对记者说："说实在的，我不是为自己找借口，如果当时我看见陆地，也许我能坚持下来。"

人们拉她上船的地点，离加州海岸只有半英里！后来她说，令她半途而废的不是疲劳，也不是寒冷，而是因为她在浓雾中看不到目标。

对于费罗伦丝·查德威克来说，目标的根本意义是确定奋斗的方向，并具体化为自我评价。而通过一段努力，使自己的思想和行为水平迈上一个新的台阶，达到一个新的稳定水平，这是人人都能做到的。

小的量变的积累会出现大的质变，这是客观规律。这就是人的发展处于螺旋式上升的态势，这一态势要求把人的远大目标和"小、近、实"的阶段性目标结合起来。**人类发展的历史，就是既有远大美好的想望，又有适当高于自身水平的目标进行激励，求得目标的实现。**

一个人有了目标，就有了动力、责任和勇气，如果没有追求的目标，人就会变得无聊、孤独甚至彷徨、不知所措。有人列出了这样一个公式：目标=目标高度×达到的可能性，目标低了，人会不感兴趣；目标高了，达到的可能性就小了，人就会失去信心。

怎样的目标才是有效的呢？一个有效的目标必须具备以下条件：具体的、可以量化的、能够实现的、注重效果的、有时间期限的。

以上条件必须同时具备，否则就不能称之为目标，其中最重要的是量化和有时限。量化是指可以使用精确的数字来描述，即使不能用数字描述，也必须进一步分解，然后再用数字来描述。时间限制是指必须在限定的时间内完成。不能量化又没有时间限制的目标是无效的，很容易成为幻想，没有任何意义。

对于目标来说，最重要的是管理和评估。目标的设立有以下三种常见方法：

阶梯法。阶梯法就是将目标细化为若干个阶梯，并且使用明确的语言对不同阶梯的内容进行描述。这样，每一个人都能在不同时间和空间里明确自己的现实位置，定位下一个目标，一个一个逐级向上迈进，最终达到总的目标。

枝杈法。树干代表大目标，每一个小树枝代表小目标，叶子代表即时的目标，或者说是现在马上要做的事情。

　　剥笋法。实现目标的过程是由现在到将来，从低级到高级，由小目标到大目标，一步一步前进的。但是设定目标的方法则是与实现目标的方法相反，由将来到现在，由大目标到小目标，由高级到低级层层分解。

树立灯塔

　　理想教育的第二个要求是，为孩子的心灵树立远方的灯塔。

　　理想是一个人对自己生命意义的准确把握，只有有了志向目标，才能有动力，才会造就成功。所谓"从小立志"，实际上就是从小培养孩子的胸襟、气度和魄力。

　　所谓"志"就是一个人胸襟、气度和魄力的总和，是度量一个人伟大或平庸的尺码。它是一个人综合素质最重要的一个方面。让我们看看普京是如何实现自己的理想的：

　　普京小时候非常聪明，品学兼优，常常产生一些与众不同的想法。有一次，老师在黑板上写了一个作文题"我的理想"。同学们写出自己的理想：有想当科学家的、有想当作家的、有想当工程师的……而小普京的脑海里，却有自己不同寻常的独特思考。

　　课余时间，小普京非常喜欢读《盾与剑》杂志，对里面描写的"克格勃"产生了浓厚的兴趣。从杂志上，他知道了在第二次世界大战中，由于"克格勃"准确地截取了敌人的情报，使苏军取得了一次次巨大的胜利。

　　于是，他在作文本上写道："我的理想是做一名间谍，尽管全世界的人们对这个名字都不会有任何好感，但是从国家的利益、人民的利益出发，我觉得间谍所做的贡献是十分巨大的……"

在这篇作文中，普京还列举了一个苏联名间谍的英雄事迹，论述了在苏美对峙的冷战时期间谍的重要作用。当教师打开普京的作文本时，不禁又惊又喜，连声赞叹他"年纪不大，志气不凡"。

后来，在一次参观"克格勃"大楼之后，普京走进了"克格勃"列宁格勒局的接待室。一位工作人员听了他的要求后，对他说："你的想法很好。但是，我们不接受主动来求职的人，只接受服过兵役或者大学毕业的人。"

1970年，18岁的普京中学毕业，以优异的成绩考入列宁格勒国立大学法律系国际专业。1975年，他大学一毕业就从事对外情报和国外反间谍工作，实现了自己的理想。

人人都是可以成功的，也都可以创造出奇迹，之所以很多人没有成功，是因为他们想都不敢想，即便想了也不去做，或者想了、做了，但没能坚持到底。不管怎么样，"想"是条件，更是开始，如果没有"想"，没有了志愿，理想就无从谈起。

第四章
教育的目标是焕发人性光辉

一、教育目标中的长、宽、高

教育的目标究竟是什么？

毫无疑问，教育的目标在于为社会培养合格人才。而"人"与"才"是两个概念，培养"人"和培养"才"的关系可以比喻成杯子和水，水是各种知识、才华和技术，而杯子是盛水的，杯子的大小，决定它最终能容纳多少水。

但是，长期以来，我们的教育过于强调如何培养一个"才"，而将培养一个真正的"人"的核心任务，寄希望于"假大空"且不具有现实可行性的"信仰教育"，必定无根。

人的短视是因为看不远，因此，我们需要站在高处，把目光投向远处。教育，至少需要我们往前看三十年，才能真正理解教育的使命。所谓"往后看三十年"，就是想象过了三十年后，孩子已经三四十多岁了，你希望他们是什么样子，再回头来看当下的教育，可能就会中正平和了。

古代史籍《大学》中的要旨是精辟的，也是永恒的："知止而后有定，定而后能静，静而后能安，安而后能虑，虑而后能得。"知道要达到的最高境界和目标，才有确定的志向；有了明确而远大的志向，才能做到内心宁静；内心宁静不乱，才能做到遇事泰然安稳；遇事泰然安稳，才能行事思虑周详；行事思虑周详，才能得到道的真谛。《大学》里的这段话使我们重新反思教育的目标：我们应当培养怎样的人？

杯子是一个器物，既然是器物，就有长、宽、高。我经常把人比作一个精美绝伦的杯子，所谓"大器天成"：

长，即具备学习的能力。这是一切教育的根本任务。学习的内容很容易忘掉，知识是不值钱的，但掌握学习的方法，培养良好的学习习惯，决定了走向社会以后，能否适应新的学习、工作任务和形势。具体而言，就是掌握处理信息、学习新知识的能力，及如何不断形成自己的觉悟，提升自己的精神境界。真正的学习，并非学知识，而是学会学习，法无定法，但无处不法。

宽，即学会共处和合作。世界是一个合作的世界。一个人的能耐再大，也是无济于事的。必须学会与人相处，与人合作。这不是功利要求，而是人作为一个社会人的基本素养，不尊重多元化(真正的尊重)、不欣赏别人、不善于与人合作的人，难以在社会立足，更何谈发展？

高，即人的品质。具体而言是自信心和责任感的打造，而不是所谓的"道德素养"。这也是教育者必须协助完成的教育的首要发展任务。

在这个比喻中，长、宽、高是杯子的物性，也是人的人性。既然教育就是人类文明的延续和传递，当前教育更加重要的任务是还原人性之美，彰显人性光辉。

> 当前教育更加重要的任务是还原人性之美，彰显人性光辉。

王东成教授当年给我讲过一件小事。他到一位朋友家做客，和朋友一家人一起看电视剧，看到动情处，王老师的眼泪流了出来。朋友的小女儿赶紧安慰王老师说："叔叔，那是假的！"王老师回家后，感慨万千，彻夜不眠。

如今，人们世故、麻木，不再有热泪，有青春而没有热血……就连孩子也知道用"假的"名目来屏蔽感动。

刘海洋硫酸泼熊事件、马加爵杀人事件、张非考霸事件、中国政法大学学生弑师事件等相继出现的恶性事件，集中折射出一个社会问题：现在的大学忙于扩招、升级，中小学生忙于取高分、考重点、把握眼前的"学习利益"，而我们的孩子即使实现了所谓的成功，内心却是浮躁、冷漠、自私、无助、恐惧、贪婪的，人性的灰暗极度张扬。

星云大师说，世间的事物本就是一半一半的世界，有善的一半，也有恶的一半；有光明的一半，也有黑暗的一半。在社会急剧转型的今天，人很容易失去坚守，人性的光辉因此被湮没。教育的崇高使命就是以人为本，还原人性之美，从而培养孩子的健康人格，走出精神上的困境，这就要求教育者要有"往前看三十年"的远见。

与其空喊什么道德教育，不如以人为本，以人性为本，将人性中的光亮发扬光大，同时尽量抑制人性中的黑暗与弱点的肆意滋长。

二、善良让孩子自主转化

没有爱就没有一切，教育的核心是真爱，那么什么是真爱呢？除了前面说的"远见"，更加重要的是，激发孩子生命中人性的第一光辉：善良。

善良归根结底是一种至爱，是一切人性之美中最为光彩照人的，其意义已经超出了教育的范畴。

每个孩子都是向善的，这是教育的主要依据之一，让每个孩子内心深处的善良本原得到弘扬，那么，每一个孩子心中的巨人都将被唤醒。

特别是对于所谓的"差生"(我并不同意使用"差生"这个标签，这里仅仅是为叙述方便而已)，唯一的办法就是，不惜一切代价，彰显他们的善良之美，那么他们就会从此建立"做好人"的信念，"自主转化"就自然而然了。

有一个小男孩，背上有两道非常明显的疤痕。疤痕从他的颈部一直延伸到腰部，看上去非常可怕，所以小男孩非常自卑。

每次上体育课时，小朋友都很高兴地脱下校服，换上宽松的运动服。小男孩很担心别人发现自己背上的疤痕，总是一个人偷偷躲到角落里，背部紧紧贴着墙壁，并且争取用最快的速度把衣服换好。

可是时间久了，其他小朋友还是发现了他身上的疤痕，他们大叫着："好可怕啊！怪物！"

小男孩哭着跑出更衣室，从此，他再也不敢在更衣室内换衣服，再也不愿意上体育课了。

班主任老师知道了事情的始末，她希望小男孩能真正地摆脱疤痕给他带来的阴影。她想，单纯地让同学们不取笑他，只能治标而不能治本，他一定还会继续自卑下去。怎么才能让他建立自信呢？

突然，老师脑海中灵光一闪。

下一次体育课很快就到了，老师找到在教室里不肯出来的小男孩，拍拍他的头，和蔼地笑着说："相信老师，没有人会笑你，你会上一节很开心的体育课。"老师的目光给了他信心，小男孩跟着老师去换衣服了。

果然，同学们又发出了厌恶的声音。

小男孩的脸白了，他扑进老师的怀里。老师扶住他的肩，笑着对大家说："老师以前听过一个故事，你们想不想听？"

小朋友们连忙围了过来："要听，老师，我们要听！"

老师轻轻抚着小男孩背上那两道深红色的疤痕，慢慢地说："每个小朋友都是天使变成的。他们下凡的时候，有的小天使很快就把美丽的翅膀脱了下来，有的小天使动作比较慢，来不及脱下自己的翅膀。这时候，那些天使变成的小孩子，就会在背上留下这样两道痕迹。"

"哇！"小朋友发出惊叹的声音，"那是天使的翅膀？"

"对啊！"老师露出神秘的微笑，"大家要不要检查一下，还有没有人像他一样，是带着翅膀飞下来的？"

所有小朋友马上开始七手八脚地检查彼此的背。

"老师，我这里有一点点伤痕，是不是？"一个戴眼镜的小孩兴奋地举手。

"老师他才不是，我这里也有红红的，我才是天使。"

同学们争相承认自己的背上有疤，他们已经认为小男孩的疤痕是一种荣耀。

突然，一个小女孩轻轻地说："老师，我们可不可以摸摸小天使的翅膀？"

"这要问小天使肯不肯。"老师微笑地向小男孩眨眨眼睛。

小男孩鼓起勇气，羞怯地说："好吧！"

小女孩轻轻地摸了摸他背上的疤痕，高兴地叫了起来，"哇！好软，我摸到天使的翅膀了！"

小女孩这么一说，所有的小朋友都大喊："我也要摸天使的翅膀！"

于是，几十个小朋友排成长长的一列队伍，等着摸小男孩的背。小男孩背对着大家，听着每个人的赞叹声，体验着那种奇异的、麻痒的感觉。老师偷偷地对小男孩做了一个胜利的手势，小男孩忍不住咯咯地笑起来。

这是一个历久弥新的故事，其折射的人性光辉足以照亮全世界，善良，是检验爱的成色的唯一标准。

> ✨💡改变教育，其实是从改变教育者自己开始。

不容否认，善良这样一种重要的教育内容，长期被教育者忽视。我们可能认为"性本善"，所以不需要引导和教育，也可能认为这是家教的部分，不需要在学校完成。其实，让善良成为孩子最认同的品质，我恰恰认为这是教育者重要的责任。

我们所处的时代，让人慌张和浮躁，而这些给教育者带来的，往往是一种不加掩饰的势利。教师有考试合格率和升学的压力，家长有孩子成才的强烈期望，教师喜欢成绩好的学生，家长希望孩子受到老师更多的关照，孩子很小就因为成绩，因为父母的权位区别被分为三六九等，耳濡目染，成人怎么才能在他的心里种下善良的种子？

改变教育，其实是从改革教育者自己开始。

三、包容之美

包容在我国传统的伦理道德观念中，一直占有重要的位置，是为人处世的重要原则。孔子曾说："己所不欲，勿施于人。"就是说，无论做什么事，都要推己及人，将心比心，以自己的感受去体会别人的感受，以自己的处境去推想别人的处境。这种以己推人的思想就包含了理解他人、包容他人的深刻含义。

一个年轻的妈妈带着儿子去拜访朋友。在公共汽车上，一位背着大包的青年挤进了车厢，妈妈被大包撞到了一边。

儿子关切地问："妈妈，你没事吧？"同时，他恼怒地看了那位青年一眼，喊了一句："太可恨了！"

妈妈对儿子说："可不能这么说，这位叔叔不是故意的。"那位青年也连连向她道歉。儿子听到这些，惭愧地低下了头。

几天以后，妈妈下了班来到学校接儿子回家，发现儿子的手破了皮，血一滴滴往下流。妈妈心疼极了，赶快找来一些纱布，将他的伤口包好，然后就去问老师是怎么回事，老师也很纳闷，因为她既没有看到他来报告，也没有听到他哭过。

妈妈不解地问儿子："为什么不告诉老师呢？"

他笑着说道："妈妈，小朋友不是有意弄伤我的呀！为这事他已经很不安了，如果我再去告诉老师，他会更加自责的。"

妈妈非常高兴，摸着儿子的头说："好孩子，你已经学会了谅解别人。"

佛教其实也是一种教育，叫"佛陀的教育"，我经常从中得到教育的启迪。佛教中人说"虚空才能容万物"，茶杯空了才能装茶，口袋空了才能放得下钱，真正的包容与谅解，才是真正的和谐。

对于我们的教育而言，包容与谅解是人性中的一朵芳香"玫瑰"，教育者有责任把这朵玫瑰传递给我们的孩子。

包容的内核是和谐，包容还是一种勉励、启迪、指引，它能催人弃恶从善，使歧路人走入正轨，潜力得到发掘。其实，包容还是一种修养，是一种高尚的品德，如果我们的孩子心中装着大海，那么就一定能够感受到大海的宽阔。

四、正直，才能长成参天大树

人性中的另外一个需要彰显的美是正直之美。

树不直，难以长大成材，而在生长过程中也难以舒展，也无法抵抗更多的风雨雷电。人的成长也一样，不正直则不能顺利地接受成长本身所带来的风险，一棵树要健康正直地生长，主要依靠的是：树根的扎实深刻(才能充分吸收养分)；树干的力度(才能保持正直生长的方向)；树枝的正直向上(才能潇洒自主)。

求知也是如此，"树根的扎实深刻"就是稳健踏实的作风，这样才能不断深入，从而具备钻研的底气和实力；"树干的力度"就是战胜怠惰、克服干扰因素的力量，这样才能形成稳定的求知欲；"树枝的正直向上"就是健康丰富的情感世界，只有爱憎分明，勇于选择，才能树立远大的目标。

美国一位心理学家为了研究早期教育对人生的影响，在全美国选出50名成功人士和50名有犯罪记录的人，分别给他们去信，请他们谈谈母亲对他们的影响。

在收到的回信中，有两封给他的印象最深，一封来自白宫的著名人士，一封来自监狱服刑的犯人，他们谈的都是同一件事情：小时候，母亲给他们分苹果。

那位来自监狱的犯人在信中这样写道："小时候，有一天妈妈拿来几个苹果，红红绿绿，大小各不相同，我一眼就看中一个又大又红的，十分喜欢。这时弟弟抢先说出了我想说的话，妈妈瞪了他一眼，责备地说'好孩子要学会把好东西留给他人，不能总想着自己。'于是我灵机一动，改口说'妈妈我想要那个最小的，把大的留给弟弟吧。'妈妈听了，非常高兴，在我的脸上亲了一口，并把那个最大的苹果奖励给了我。从此我学会了说谎，学会了不择手段，学会了打架，学会了偷、抢，反正我可以使用一切手段去争取自己想要的东西，直到现在被送到监狱。"

那位来自白宫的成功人士是这样写的："小时候，有一天妈妈拿来几个苹果，我和弟弟都争着要大的，妈妈把那个最大的苹果拿在手上高高举起，对我们说'这个苹果最大最红最好吃，谁都想要它。很好，现在让我们来做个比赛。我把门前的草坪分成三块，你们三个人一人一块，负责修剪好，谁干得最快最好，谁就有权得到最大的苹果。'我们三人比赛锄草，结果我赢得了它。我们非常感谢母亲，她让我明白了一个道理：要想得到最好的，就必须付出配得上它的努力。"

💡对于孩子来说，主要的就是学会遵循所有的游戏规则。只有遵守规则，才能学会竞争，学会合作，学会充分使用正当手段达到自己的目的。

我们可以从中提炼出"正直"的定义，所谓正直，就是通过正当的手段，遵循公平的原则，去争取自己想要的东西，同时，也要捍卫和尊重他人正当的收益，帮助弱小，保障他们的权益。而不仅仅是我们经常说的口号——坦荡无私，作风正派。

对于孩子来说，主要的就是学会遵循所有的游戏规则。只有遵守规则，才能学会竞争，学会合作，学会充分使用正当手段达到自己的目的。当人不愿意从内心承认规则，就极容易选择投机取巧的方式，而选择了投机取巧并且达到目的之后，人的精神气质以及深层心理结构就会发生改变；或者阴暗，或者低迷，或者消极。这样，不仅会陷进学习的困境之中，人格最终也会受到挑战。

我们传统的教育文化中，经常会说到一个美德——"悌"，比如孔融让梨的故事，看似感人，实际上我们应当清醒地看到，类似"谦让"这样的传统教育文化内涵，在新的时代背景下，性质没有变，但内容却发生了重大的变化，因此应当进一步抽象其性质，上升到从公平的角度来强调规则意识，来建立新的道德观。一味要求孩子无条件谦逊，实际上缺乏说服力，让孩子放弃真实的欲望而获得奖励，即违背真实的人性，也给孩子暗示了"言不由衷"的合理性。这往往是病态人格发育的先兆。

五、自信者自强

自信是人格的核心

培养孩子健康的人格，都离不开自信作基础。自信是人格的核心。

北京光明小学的崛起，就是抓住了这一个核心思想。作为该校的顾问，我从中发现了很多可贵的教育智慧，其中广为人所知的就是"我能行"八句话，看起来是简单的八句话，实际上是一个科学的自信心系统：

相信自己行，才会我能行；别人说我行，努力才能行；你在这点行，我在那点行；今天若不行，争取明天行；能正视不行，也是我能行；不但自己行，帮助别人行；相互支持行，合作大家行；争取全面行，创造才最行。

换一个角度看，在相信自己的同时，必须建立"互信心"和"公信心"，才是真正的自信，所谓"信则无易，无易则成"。一是立信于事，把自信心落实到做事情上；二是立信于人，不仅自信，而且使人能信自己，使天下人皆信自己；三是建立更大的社会理想(大爱)，使之超越自己的个人欲望，立即可以缓解负压。

如果你不能这样去做，那么很可能就是自负，或者自恋，都是很可惜的。而自信来源于积极的评价与鼓励，也来源于自我的接纳与信任，更在于不断累积的成就感。

教育者在培养孩子的自信心方面存在一些误区。培养自信的根本在于其自信的来源，如果孩子在你的指导下，完成了一些他之前不认为自己能完成的事，或者实现了一个向往已久的目标，那么自信的疏导和建立就会水到渠成。但如果一味干巴巴地对孩子强调自信，只能让孩子感觉紧张，或者盲目相信自己，不顾真实状况。自信最可怕的就是沦为自说自话、自恋。

父母看孩子自然是容易夸大孩子的优点和能力，在培养孩子自信的过程中，尤其需要真正客观地评估，准确地评价，充满爱地欣赏。让孩子知道，你赞赏他的举动，认同他的能力，而且更重要的是，你爱他，信任他，你会在他需要帮助的时候毫不犹豫地伸出援手。

相信自己，积极选择

自信，首先应该乐观自强，让孩子相信自己的潜能，凡事做出积极的选择。

街心花园里有一个古朴典雅的小亭子。只要不刮风下雨，一个十三四岁的小女孩每天傍晚都会来这里拉小提琴。小女孩充满灵性和质感的琴声像轻盈优美的蝴蝶，在花园的上空飞舞，她的周围渐渐站满了被她的琴声吸引的人们，他们望着女孩，目光里充满欣赏和感动。

小女孩不仅小提琴拉得娴熟优美，人也长得非常漂亮。她的脸精致完美得无可挑剔，身上散发着很高贵的气质。也许几年后，她将在金碧辉煌的音乐大厅里，奉献她美妙的琴声。女孩的身边是她的母亲，母亲脸上有不加掩饰的骄傲，眼里是无限的温柔和怜爱。

有一年十月，一场意外在女孩脸上留下了一道道无法挽回的疤痕，她天使一样的美丽成了记忆。从医院回到家里后，小女孩便再也没走出来过。小花园里飞舞的蝴蝶也无影无踪了。那段时间，所有听过小女孩琴声的人都在轻叹和无奈地摇头。

突然有一天，人们又听到了琴声，但拉琴的不是小女孩，而是她母亲。她站在女孩曾经拉过琴的地方，笨拙地拉着小提琴。她的脸上，没有人们想象中的悲愁，她镇定自若地用琴声和屋中的女儿对话。

有好心人去宽慰她，她淡然一笑说："没什么，脸不完美并不意味着她不能成为优秀的小提琴家！"

一天，两天，一周，两周，每个黄昏，母亲都坚持着，用别人不太懂的方式和女儿交流着。她想用琴声唤起女儿美好的回忆。偶尔，会有人看到蒙着脸的女孩在阳台上悄悄地探出头，只望母亲一眼便回屋了。

一天一个醉鬼闯进了花园，朝那位母亲吼道："你的小提琴是我听到的最难听的！"

女孩母亲的眼里第一次有了愤怒，她脸涨得通红，一字一句地说："我是拉给我女儿听的。如果你嫌难听，请捂上你的耳朵。"

醉鬼开始纠缠，那些肮脏和刺人的语言让母亲泪眼欲滴。

这时，女孩走到人群中，她从母亲手里接过小提琴，坦然地仰起她那张不再美丽的脸，她对那个醉鬼说："我妈妈只为我一个人拉琴，我觉得她才是世界上最好的小提琴手。"

女孩从容地开始演奏那些人们熟悉的曲子。在她放下小提琴时，所有人都热烈地为她鼓掌。

母亲上去搂住女儿，大声对她说："孩子，我是想让你明白，你的脸和妈妈的琴声一样，不够美，但我们应该有勇气把它拿出来见人！"

一个人最大的敌人就是自己。孩子如果不够自信，面对某一件事时，就会先自乱阵脚。而自信却能让人从容自如，让内心生出必胜的信念。这份信念是生活的必需。

只看自己所有的，不看自己没有的

建立自信，还需要坚定一个信念——只看自己所有的，不看自己没有的。**一个人如果有某些缺陷或者不足，应当接纳自己，相信事情都是分两面的，并从自怨自艾中走出来，乐观地面对生活。**

有一次，一所学校请来从小就患脑性麻痹的黄美廉博士来为孩子们作一次演讲。黄美廉因为这种奇怪的病，五官错位，面貌丑陋。

当演讲告一个段落后，一个孩子小声地问："请问黄博士，你从小就长成这个样子，你怎么看你自己？你都没有怨恨过吗？"大家心头一紧，真是太不懂事了，怎么可以在大庭广众之下问这个问题？

"我怎么看我自己？"黄美廉用粉笔在黑板上重重地写下这几个字。写完这个问题，她停下笔来，歪着头，回头看着发问的同学，然后嫣然一笑，回过头去，在黑板上龙飞凤舞地写了起来：

一、我好可爱！

二、我的腿很长很美！

三、爸爸妈妈很爱我！

四、我会画画！我会写稿！

五、我有只可爱的猫！

六、……

教室内忽然鸦雀无声，没有人讲话。黄美廉回过头来定睛看着大家，再回过头去，在黑板上写下了她的结论："我只看我有的，不看我没有的。"掌声响起，黄美廉倾斜着身子站在讲台上，满足的笑容从她的嘴角荡漾开来，有一种永远也不被击败的傲然写在她脸上。

让自信成为习惯

形成了自信的信念以后，更需要学会在挫折中锤炼、巩固自己的自信心，否则自信将被扼杀。任何人在实现目标的过程中不可能一帆风顺，一定会有很多困难和阻挠，能不能克服这些成功路上的阻碍，就要看有没有自信，来引发内心顽强的毅力，如果真能做到

"咬定青山不放松"，自然可以"守得云开见月明"。

古希腊神话中的西绪弗在天庭犯了法，被天神惩罚，降到人世间受苦。他受的惩罚是要推一块石头上山。每天，西绪弗都费很大的劲把那块石头推到山顶，然后回家休息，可是，在他休息时，石头又会自己滚下来。于是，西绪弗又要把那块石头往山上推。这样，西绪弗所面临的是永无止境的失败。天神要惩罚西绪弗的，也就是折磨他的心灵，使他在"永无止境的失败"命运中，受苦受难。

每次，在他推石头上山时，天神都打击他，告诉他不可能成功。可是，西绪弗不肯在成功和失败的圈套中被困住。他想：推石头上山是我的责任，我只是要把石头推上山顶。至于是不是会滚下来，那不是我要想的事。

所以，每天当西绪弗努力地推石头上山时，他心中都十分平静。天神因为无法惩罚西绪弗，就放他回到了天庭。

西绪弗的秘诀只有一句话：相信自己的内心，不屈不挠，坚持到底。

任何希望都是种子，也许有很多人的手都曾捧过，都希望它能开出灿烂美丽的花。可是也有很多的手少了一份对希望之花的坚持，才使生命错过了一次美丽的花期。

家长和老师要像呵护最珍贵的珠宝一样呵护孩子的自信，帮助他建立巩固来自心灵的强大力量。自信不是一种姿态，也不是对自己喊的口号，自信是一种来自内心深处的认可，一种无须考虑勇气的承担。

我曾设计了一个建立自信心的步骤，供读者参考。

第一步：体验。就是协助孩子体验到成功的滋味，不断实现成功以后，人的自信心就被激发出来了，需要强调的是，主要是要实现"小成功"，而不是所谓的"大成功"，越小的成功越容易实现，越不容易受挫折。

第二步：发掘。不断认识自己，发现自己，发掘自己，认识到自己的独特性，以及个人优势区。

第三步：思维。在不断解决问题的过程中，形成稳定的思维模式。真正的自信心是一种稳定的思维体系。思维方法体系就好比一个生命的坐标，是一切行为的指挥系统。事实上，具备相应方法论体系的人极少。大多数仅仅是在本能的推动下，使用经验主义式的或本本主义式的思维技术。这构成我们社会整体状态的躁动与倾斜。我认为，建立科学的各具特色的方法论体系是重要的一环。没有稳定的思维模式，自信则是主观的、唯心的、不能稳定的。

第四步：习惯。就是行为程序和行为习惯的养成，自信心最终是一种习惯，是内化的道德和智慧。

六、爱心是无限珍贵的瑰宝

爱心是无限珍贵的人性瑰宝，特别是对于"以自我为中心"特点显著的新一代独生子女来说，尤其显得重要。

一个又冷又黑的夜里，美国中部乡村的一条道路上，一位老太太的汽车抛锚了。由于这里人烟稀少，她等了半小时左右，才终于有一辆车经过。开车的男子见此情况便下车帮忙，几分钟以后，汽车修好了，老太太问男子要多少钱，他回答说："我这样做，并不是为了钱，而是助人为乐。"但老太太坚持要付些钱作为报酬。男子谢绝了她的好意，并建议她将钱给那些比他需要的人，然后他们各自上了路。

老太太来到路边一家咖啡馆，一位怀孕的女招待给她一杯热咖啡，并问她为什么这么晚还赶路，老太太就将刚才发生的事情讲述给她听。女招待听后感慨道："这样的好人真是难得。"然后老太太问女招待为什么工作那么晚，女招待说是为了迎接孩子的出世，而需要第二份工作——夜晚兼职当咖啡馆的女招待。老太

> 爱心是无限珍贵的人性瑰宝，特别是对于"以自我为中心"特点显著的新一代独生子女来说，尤其显得重要。

听后，执意要女招待收下200美元的小费，女招待说："我不能收下那么多。"老太太坚持说："你比我更需要它！"

女招待回到家，把这件事告诉了丈夫，结果很让人惊讶，她的丈夫就是那位好心的帮助修车的男子。

也许真的是善有善报！事实上，具有爱心的人终将幸福。而爱心作为人性的一线光芒对于孩子的成长又有什么帮助呢？

我们来分析一下具有爱心的人的心理形成特征：

首先，当爱心油然而生的时候，人就会有一种极端敏感的神经冲动。这种神经冲动将把自己的所有感觉器官打开，这时，接受新的事物和新的知识，就会变得容易得多。

其次，当一个人经常无私帮助别人时，他的整个心态是平和的、从容的、积极的，内心深处自然就会形成一种稳定的、高尚的动机，这种动机概念与学习的动机是相互连接的，所谓举一反三，便会将学习的热情激发起来。

第三，具有爱心的人，通常都是真正自信的人。自信是人格的核心，而爱心是自信的伴生物。美国作家马尔兹说："我们要以信心充实自己，就像我们每天要以食物充实自己一样。"有了自信，还能学不好吗？我认为，培养孩子自信心的方法尽管很多，但其中一个捷径就是从培养孩子的爱心开始，在鼓励孩子爱人、帮助别人的过程中，从更高的角度上来引导孩子形成"我能行"的意识。另外，还可以确定的是，没有爱心支撑，自信就不是真正的自信，即使已经克服了自卑，形成了自我的信心，也很容易演变为狂妄或者自负。

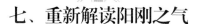

七、重新解读阳刚之气

勇敢，是人性中阳刚之美的集中体现，是在不可预测的未知面前所表现的自主意志。人类的进步，正是这种对人类使命的责任不断推进和建设的过程。勇敢实际上领导了人的其他价值性，比如正义、良知、理智、悲悯等。

拿攀岩举例，如果爬到了半山腰，突然觉得脚酸腿软，于是停下来，脚跟悬在半空，向上一望望不到头，向下一探，自己悬在空中，人就会恐惧。所谓勇者不惧，实际上就是克服犹豫，一旦选定了远方，"留给地平线的只能是背影"。

勇敢，从人性角度理解，就是勇于探索。苏联教育家苏霍姆林斯基说："人的内心有一种根深蒂固的需要，总感到自己是一个发现者、探究者、探寻者。"而对于教育而言，人生下来就是一个学习者，但会逐步形成不同的学习需要，认知需要是最重要和最稳定的内在学习动力，而认知需要就是探索的需要。从小培养孩子探索的精神，是极为关键的教育原则。

勇于探索来源于人弄清楚事物来龙去脉的冲动，当这种冲动不是昙花一现，而是指引着一个人坚持不懈地去努力寻求原因时，就成为真正意义上的探索。

诺贝尔物理学奖得主、美国加州理工学院物理系教授费曼天性好奇，自称"科学顽童"。他在普林斯顿大学念研究生的时候，研究蚂蚁怎样通报信息的故事，充分说明了这个称号的名副其实。

为了弄清楚蚂蚁是怎样找到食物的，又是如何通报食物在哪儿的，费曼教授着手做了一系列实验。如找个地方放些糖，看蚂蚁需要多长时间能够找到，找到之后又如何告诉同伴。然后用彩色笔跟踪画出蚂蚁回家的路线，看究竟是直的还是弯的。通过这些实验，他发现蚂蚁是嗅着气味回家的。后来，当他发现蚂蚁成群结队地"光顾"自己的食品柜时，他运用自己发现的规律成功地改变了蚂蚁们前进的路线。

探索还来源于怀疑，没有疑问，就没有探索。如果对于别人提出的观点，不假思索地接受，也会埋葬探索的机会。相反，如果凡事多问几个"为什么"，不盲从，能获得很多发现的新机会。

科学世家的"小公主"、居里夫妇的女儿伊伦·约里奥·居里，与丈夫一起获得了1935年的诺贝尔化学奖。她小时候非常好动、淘气，但是自从参加由母亲居里夫人及其好友朗之万、佩兰等人制订的合作教育计划，她的淘气变成了对未知事物强烈的爱好和探索精神。

一次，物理学家朗之万给孩子们出了一个问题：把一条金鱼放进一个装满水的鱼缸里，然后把溢出来的水接在另一个缸子里，结果却发现这些水的体积比金鱼的体积小，为什么？孩子们议论纷纷。伊伦却在想浮力定律——浸在水中的物体所排开水的体积应当与物体体积相等。可这个定律怎么到了金鱼身上就不灵了呢？朗之万是知识渊博的大物理学家，总不会是他弄错了吧？

伊伦回家后去问妈妈。居里夫人让她动手试试看。于是她开始做实验，结果是溢出的水体积与金鱼的体积一样。第二天一上课，她就质问朗之万，为什么给他们提出一个错误的结论，并详细地描述了自己的实验经过和结果。朗之万听完，赞赏地笑了。

有时候，面对困难时过于小心谨慎，恰恰是我们未能创造奇迹的重量级原因。

有一位教师给学生留了四道数学题。有一个学生三道题都解答得很顺利，但是第四道题很难，让他一筹莫展。他苦思冥想，一直到凌晨才解答出来。这道题做了这么长的时间，他十分惭愧。第二天，他把作业交给老师，老师大吃一惊，原来这个学生解答的第四道题是世界性的数学难题，是自己无意间混在其他题目里一起抄到黑板上的。

在学习的品格中，勇敢的品质具体迁移为：一是挑战未知；对于未知的东西勇于探索，对于挑战充满斗志，相信自己同时也表现为无所畏惧；二是勇于牺牲；具备了牺牲精神才能抓住重点，而勇于放弃一些干扰因素以及外物的诱惑；三是善于自省；人最大的困难是将自己的弱点袒露出来给自己看，这需要非凡的勇气，只有敢于自省，才能不断进步。

勇敢，不是肤浅的和莽撞的，恰恰是深沉的、内敛的。**我们常说，狭路相逢勇者胜。这个勇者，恐怕未必是对垒中怒形于色、张牙舞爪的一方，而是沉着智慧，绝不放弃的一方。**真正的勇敢有着对美和善的忠诚。很多教育者，概念上很清楚勇敢和探索精神的价值，但是在实际和孩子相处的过程中却总是忍不住干预，这种过度保护和"替代本能"是孩子培养真正勇敢的最大阻碍。

第五章
教是为了不教

一、关系大于教育

礼之用，和为贵

构建现代教育文化，建立教育者与受教育者之间的新型关系，是当前急需解决的问题。而履行教育的使命，激扬生命的主动发展，还原人性之美，更要求我们尽快从一个更高的角度上来理解教育主体之间的关系。

中国社会科学院历史所的张海晏先生专门研究过中国传统文化中"和"的精神，其中讲到中国"和"文化最终的落脚点是"和而解"，我深以为然。

他在《中国文化"和"的精神》一文中谈到，《道德经》第四十二章曰："道生一，一生二，二生三，三生万物。万物负阴而抱阳，冲气以为和。"此处，"一"指道，"二"指阴气、阳气，"三"指阴阳调和所形成的和谐状态。万物就是由两种对立因素的配合而生。《周易》乾卦《象传》云："保合大和，乃利贞。"这是说，阳阴合德，四时协调，万物孕生，长治久安。"大和"即"太和"，强调的是矛盾的妥协性与统一性。《荀子·王制》曰："和则一，一则多力。"这是说，"和"能带来合力与双赢。借用今天的说法，"和"是一种"文化软实力"。

中国传统文化中关于"和"的经典信条数不胜数，"和为贵，忍为高""与人为善""仁者爱人""不与邻为壑""四海之内皆兄弟""己所不欲，勿施于人"，这些信条构成了中华民族追求和谐的民族性。

"和"文化对于现实社会的影响是形成了"关系文化"，"关系文化"有利有弊，无论利弊，毕竟是符合这片土地的文化形式。因此，我们要做的是在尽量摈弃其弊病的前提下，发扬其积极作用。

而"和"文化对于教育的积极贡献是建立良好的师生关系或者亲子关系。好的关系大于一切教育。礼之用，和为贵，不学礼，无以立，"守礼"是中华民族文化精神所要求的人和人相处的秩序及处世原则，建立良好的关系，有人用"比""从""北""化"四个字所蕴藏的"守礼"的内涵，来概括教育者与受教育者之间的"礼"的演变过程。这四个字都有一个"人"字，从汉字起源文化中来理解教育之道，是一个很好的角度(参见王继华《文化育人，德润天下》)：

"比"字象形为两人步调一致，比肩而行，意思是平等、亲近、相互尊重与信赖，但从另外一个角度，教育者又是理想方向的引领者，比的过程是找差距的过程。

"从"字，《说文解字》的解释为"相听也"，就是服从、听从的意思，无论是繁体字，还是简体字，"从"都是由两个"人"组成，是两个人一先一后地往前走，前面的是教育者，后面的是孩子，"前行者"的行为方式要成为后者的榜样和骄傲，这种力量对孩子会产生巨大的影响。

"北"字，古汉语中的意思是"背"，本意是背离、违背的意思。也就是说，当孩子到了十四五岁的时候，大约是初中时期，具备了独立的思想和行为，这时候，他们不再"从""比"了，到了所谓的"叛逆期"。这时候，大人需要有一种理性与反思的精神，顺着孩子的天性来，给予孩子更大的空间。

"化"字，象形为两个人字的一正一反，是一个站着的人和一个驼背的人的对话，以表示"因时而化"的变化之道。教育者所要倡导的教化叫"化声"，对孩子的教化有成绩叫"化行"，因教诲孩子的错误行为叫"化诲"，因善于施教，犹如春风雨露叫"化雨"，因感动而转变为"感化"。"化"的行为便是将教育者的能量、期待融进孩子的生命，所谓"文化"，正是以文化道，所谓"文"是社会文化中以德以礼对孩子施加有效影响的过程，"化"的结果是为了把握规律。

关系——教育的重要课题

教育者与孩子之间的关系，在不同时期会表现为不同形式，其内在逻辑就是一个"礼"字，这个内核是永恒不变的，由"守礼"和"来而不往非礼也"出发，建立良好的关系，比什么教育都管用。在中国，"关系"两字是所有应用学科的交集，好的关系胜过一切管理，一切教育、一切政治背景……

研究中国的问题，确实可以从"关系"两字着手。很多人误以为研究"关系学"是庸俗的，是背弃正派做人原则的，其实，在中国，"关系"是中性的，是否庸俗，取决于你的出发点。

培养好的亲子关系和师生关系是教育的重要课题。

关系是事物之间相互作用、相互影响的状态。生活中，面对亲近和崇敬的人，他的表扬会让我们心花怒放，他的批评会让我们分外愧疚；在学校，是否喜欢该科目的老师能直接影响孩子学习该科目的热情；在家里，孩子与谁更亲近，便容易接受谁的教育——关系的好坏何等重要！

亲子关系是反映家庭教育效果的晴雨表，什么时候与孩子的关系好，家庭教育便如同春风化雨润物无声就容易成功；什么时候与孩子的关系糟，家庭教育就像暴风骤雨让人难以忍受，教育就容易失败。父母与孩子之间保持亲密的关系，胜过花许多时间和精力去教育。

好的关系不是溺爱而是尊重，不是依赖而是信赖，不是包办一切而是独立合作；好的关系是一种真善美的关系，是让人发自内心喜爱的关系，是促使两代人相互学习共同成长的关系。好的代际关系，是一种平等和谐的亲子关系，而不是一方管教另一方的关系。培养好的亲子关系，需要父母拥有现代的教育观念、科学的教育方法、健康的心理和良好的生活方式。培养孩子应尊重其天性，不能急功近利。父母越尊重孩子，孩子成长得越快。但是，亲子关系好，不代表没有代际冲突，明智的家长总是能勇敢地选择向孩子学习，与孩子共同成长——这恰恰是化"代沟"为"代桥"的有效手段。

一切成功的教育都是和谐的教育，好的关系的本质特征就是和

谐。万物至谐是自古就有的幸福理想。儒家、道家等学派都有丰富的和谐思想。毕达哥拉斯说过："什么是最美的——和谐。"如果美就是一种和谐，那么，只要人们感受的美越多，内心里就会越快乐。在和谐中一切都是可能的。

种牡丹者得花，种蒺藜者得刺。培养好的亲子关系和师生关系，需要超乎寻常的耐心和爱心。好的关系来之不易，不经过折磨和痛苦，就不会有收获。好的教育，不是孩子取得了惊人的辉煌成就，不是孩子对我们顶礼膜拜，更不是我们给孩子灌输多少空洞的理论和要求孩子成名成家，而是来自孩子享受和谐的关系，并能主动维护和创造与周围人的和谐关系。

我所接触到的很多孩子，反叛、性格暴戾、攻击性强，对主动施予的帮助和关怀冷若冰霜，其实推溯一下，毫无例外，他们和父母的关系往往紧张。这种紧张大部分的根源在家长处。当孩子从来没有在一个自由、放松、信任的环境中成长，他往往会不自觉地把自己的周围变成一种他习惯的矛盾尖锐的环境。在这种状态下进行的任何形式的教育，都将是事倍功半的。

二、教育者角色的根本转变

实现不教而教，就需要教育者转变角色，重建与受教育者之间科学的关系体系。**只要能选择好的角色，就可以实现能量转换，把能量以不教而教的方式传达出去。**实际上，这也是转变教育观念的实质所在。

做"火柴"，不做"蜡烛"

长期以来，我们教育者以蜡烛自喻，认为燃烧自己照亮别人是情操与美德。实际上，这个自喻表明了教育者内心的虚弱与执拗。最根本的原因，教育是一种互动，教育的目标是对象的完善，当教育者满怀深情地歌咏自己的时候，他已经把教育的目标遗忘了。

我们的孩子心中都有永不熄灭的"蜡烛"，这根蜡烛有着无限的能量，而教育者的任务是做一根火柴，点燃孩子心中的光明。

如何点燃这根火柴呢？

我们无法否认，学习是动物自身发展的需要，比如刚出生的小牛犊要站起来，它用力把前面的两条腿伸直，支撑起身体的一部分。它开始活动后腿，用力一蹬，没有站起来，重新爬正后，前后腿一起用力，然后晃晃悠悠地站起来了，迈着步，开始走，慢慢地跑起来……这是一个鲜明的学习、成长过程，又是一幕生动的生命本能活动。

人的学习超越生物的本能活动，当学习者全身心地参与到学习过程中，感触、体验到学习与自身生命变化和发展相联系的时候，特别是当他们积极主动探索、发现和发展的时候，学习就会变得快乐、美好。学习对于人来说，是一个永不枯竭的源泉，人会在学习中产生新的学习需求，人的思维也在不断的学习过程中产生更多的快感，这就是学习的动力。

"火柴"的作用就在于激发并强化孩子的学习动机。当一个人充满乐趣地学习时，不论环境多么困难艰苦，他都会感到无比的快乐。

北京史家胡同小学的著名特级教师孙蒲远是一个善于激发孩子的明师，他的经验很值得教育者，特别是教师借鉴：

我总是鼓励孩子有自己的见解，有自己的特色。特别是造句和作文的选材，最好不要千篇一律。

我记得有一次让孩子仿照《落花生》一文，写借物喻理或借物喻人的文章。全班40多个孩子选40多样东西来写，有写鹰的拼搏精神的，有写松树和梅花的坚强性格的，有写爬山虎不懈攀登的精神的，有写蚯蚓外表难看可坚忍不拔的，有写案板默默无闻、无私奉献精神的……谁都不愿意与别人雷同。

1997年1月，清华大学毕业的、一个我曾经的学生在给我的信中还提到这件事。他说："您培养我们求异思维，就是对我们的创造性的鼓励，这对我们个性的发展是至关重要的。我想到咱们班的一堂公开课，您要求我们写一篇与《落花生》类似的作文，咱们班的选材可谓五花八门，从飞禽走兽到厨房用具，应有尽有，可以开个百货商店了。那时，咱们班同学的作文甚至造句，都绝不能容忍和别人类似，总要想出自己的新花样，否则就觉得丢人。这份创造性，这种求异思维，无疑是您给我们的财富之一。"在教学过程中唤起孩子的独创性表现和求知乐趣，其影响是深远的。

做"律师"，不做"法官"

律师是维护当事人权益的。**做孩子的"律师"，意味着站在孩子的一边，竭力维护、捍卫孩子，而不是做一个裁判是非的"法官"，站在孩子的对立面，形成一种对抗关系**。比捍卫孩子的权益更加重要的，是捍卫孩子的天性。

什么是天性？天性就是孩子身上凸现出的先天禀赋。天性既有从父母身上遗传的品质，也有蕴藏在孩子身上的特殊天分，和潜伏在孩子灵魂深处的特有品质。

孩子的天性，既有相同之处，也存在个体身上的千差万别。教育者的一个重大任务，就是捍卫孩子的天性，帮助他们把自身的潜能发挥到极致。

人类的心理有"知、情、意"三种不同的心理活动，这是一组重要的对称关系。著名美学家朱光潜先生在《谈美感教育》中说："人能知，就有好奇心，就要求知，就要辨别真伪，寻求真理。人能发意志，就要想好，就要趋善避恶，造就人生幸福。人能动情感，就爱美，就喜欢创造艺术，欣赏人生自然中的美妙境界。"在人的诸多天性中，有三个基本天性，那就是"求知""想好"和"爱美"。教育的真谛就在于顺应这三个基本天性，正如中国儒家最高的人生理想是"尽性"，即"能尽人之性则能尽物之性，能尽物之性则可以参天地之化育"。

做"农夫"，不做"园丁"

农夫是疏松土壤、兴修水利、涵养植物自行生长，而园丁按照要求修剪植物的枝叶，甚至使用化肥、农药、生物技术，控制和改变植物的生长。**教育者应当选择做一个让孩子自由发展的"农夫"。**

我的一位朋友是中医名家，一次闲聊时，谈到如何形成对待疾病的正确态度，他有一个重要的观点，那就是"对待身体要像对待自己的孩子一样"。

他说："身体是自己的，犹如孩子是自己的一样，疾病就是孩子的恶作剧，是孩子野性的一种宣泄，它是一种巨大的能量，可以转化为成长的动力。但我们往往敌视和恐惧这种能量，不惜耗费更多的能量来清除它。"

这无异于一种疯狂的自相残杀。当淘气的孩子被打折了一条腿，他还会坐在轮椅上大声哭嚎，惹得你还想揍他，可他已经残疾了。对待孩子要像对待自己的身体一样，关心它、帮助它、引导它、锻炼它，不要漠视它、压抑它、强制它、仇视它。如果孩子犯了错误，我们更要去倾听他的诉说，而不要一棒子打死，或者交给警察、送进监狱，放任自流。

孩子的成长是一个过程，很多时候，不听话、叛逆、顶撞，其实就像我们身体偶尔小恙。身体就是孩子，孩子就是身体，但很多人想得到，但难以做到。

而按照社会心理学的观点，不能善待孩子，可以等同于自虐狂，控制孩子的自然、自由生长，压抑孩子的创造力、想象力，可以等同于古代用裹脚布捆住自己的脚导致脚的畸形。

做"啦啦队"，不做"陪跑者"

教育者永远无法和孩子一起跑到他的人生终点，因此，最好的选择是站在看台上，为孩子呐喊助威，起到啦啦队的作用。

现实中，有多少父母在做"陪跑"的工作，陪读、陪着做作业，考上大学了陪着孩子去学校报到，每周去学校为孩子洗衣服……可怜天下父母亲！我完全能理解父母的良苦用心，我也接受"只有一个孩子，不舍得孩子受苦"的想法，但这些做法会无意中使孩子失去了一个自主独立成长的机会。

其实，孩子的成长需要适量的孤独，无时无刻地陪伴干预了孩子的成长。有了孤独感，人才能在踽踽独行中变得坚强和独立。孤独是人的生命中一种重要的体验，哲学家说："人在孤独的时候，才能与自己的灵魂相遇。"世界三大宗教的创立，都是在孤独状态下形成的，也就是说，孤独是精神创造的必要条件，从心理学的观点看来，人的孤独与独处，是为了进行内在的整合。

美国作家亨利·大卫·梭罗是孤独的，但也是幸福的。正如他在《瓦尔登湖》中所描绘的那样，十分简单，十分安静。我阅读梭罗的作品，似乎悟到了孤独的真正内涵；一是一个人怎么看待自己，决定了此人的命运，指向了他的归宿；二是你无论到哪里都能生活，哪里的风景都能相应地为自己而发光；三是人孤独的时候，通常是人的品位受到考验的时候，人的成长必须经受孤独。

不做陪跑者，意味着为孩子的心灵留白，使之有了孤独的机会，使之心灵品质得以提升。也许会有人认为，现代社会中，孩子如果孤独了，心理会变得脆弱，不能承受生命之轻。我想，这和心理问题是两码事，心理健康的标准来自于接纳自己，而孤独是一个人灵魂成长的自觉要求。孤独并非孤僻，而是在没有"陪跑者"过度保护下的一种生命自由状态。孩子的路需要自己走，必须经受孤独，当然，在孩子前进的过程中，我们可以在孩子失落和无助的时候，为之加油、呐喊，成为看台上称职的"啦啦队"。

三、无言而教化万方

不教而教是教育的最高境界

前面讲述的若干问题，实际上都指向我认为最根本的——真正的教育是不教而教。学贯中西的林语堂大师曾说："在牛津，剑桥，那些老师怎么去教学生，他们把学生叫来，一边抽着烟斗，一边天南海北地聊，学生被他们的烟和谈话熏着，就这么熏出来了。"

教育事业如心灵芬芳，一朵玫瑰是不需要布道的，她只是散发着它的芬芳，芳香就是她的布道。教育是一种状态，一个教育者达到了一种好的状态后，坐在那里，随意说说，就是最好的教育。

我坚定地认为，当教育者的状态达到"不教而教"时，传统教育所要求的模式设计、技巧是没有用的，也是不必要的，因为每个孩子都能主动学习、独立成长、积极创造，而这时，教育本身却发挥了其最大作用，无言而教化万方。

实现不教而教并非教育家的专利，只要你愿意凝神静心，回归心灵深处，品味教育真味，普通人也可以实现。天下所有教育者都能实现不教而教，那么，我们的孩子就有福了。

实现不教而教的关键

事实上，人都是按照自我概念做事、做人，而每个孩子都是"想好"的，关键我们能否给予他们机会。

上海闸北八中刘京海校长在《成功教育》一书中这样写道："每个人都力求在与自我概念的情况下行事，依照他对自己的认识来决定做或者不做或该怎么做。一般而言，一个人自己认为自己是怎样一个人，他就能表现成怎样的人，自己认为自己并不是怎样一个人，他就永远不可能成为这样的人。"也就是说，一个人的自我确认具有深刻的暗示和催眠作用。**孩子正处于自我意识的觉醒时期，这时候如果能顺应每个孩子"想好"的天性，那么，教育就能出现神奇的效果。**

实现不教而教，关键就在于"自我概念"这四个字，孩子建立了自我概念，就可以自己教育自己。而协助孩子建立自我概念的前提是了解人的需求，关于需求，众所周知的是"马斯洛需求层次理论"，为了便于阅读，将这个层次阶梯引述如下，如图5-1所示。

各层次需要的基本含义如下：

(1) 生理的需要。这是人类维持自身生存的最基本要求，包括饥、渴、衣、住等方面的要求。如果这些需要得不到满足，人类的生存就成了问题。从这个意义上说，生理需要是推动人们行动的最强大的动力。

(2) 安全的需要。这是人类要求保障自身安全、摆脱事业和丧失财产威胁、避免职业病的侵袭、接触严酷的监督等方面的需要。马斯洛认为，整个有机体是一个追求安全的机制，人的感受器官、效应器官、智能和其他能量主要是寻求安全的工具，甚至可以把科学和人生观都看成是满足安全需要的一部分。

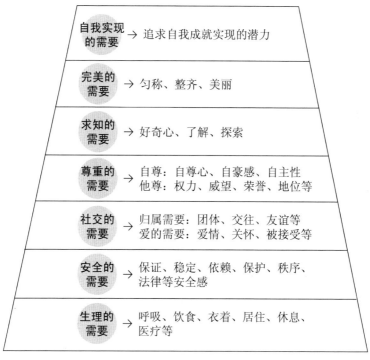

图5-1　需求层次理论阶梯图

（3）感情的需要。这一层次的需要包括两个方面的内容：一是友爱的需要，即人人都需要伙伴之间、同事之间的关系融洽或保持友谊和忠诚，人人都希望得到爱情，希望爱别人，也渴望接受别人的爱；二是归属的需要，即人都有一种归属于一个群体的感情，希望成为群体中的一员，并相互关心和照顾。

(4) 尊重的需要。人人都希望自己有稳定的社会地位，要求个人的能力和成就得到社会的承认。尊重的需要又可分为内部尊重和外部尊重。内部尊重是指一个人希望在各种不同情境中有实力、能胜任、充满信心、能独立自主。外部尊重是指一个人希望有地位、有威信，受到别人的尊重、信赖和高度评价。

(5) 自我实现的需要。这是最高层次的需要，它是指实现个人理想、抱负，发挥个人的能力到最大程度，完成与自己的能力相称的一切事情的需要。也就是说，人必须干称职的工作，这样才会使他们感到最大的快乐。

在教育实践中，尊重并满足孩子的层次需求，是建立孩子良好自我概念的基本线索， 为了便于教育者理解，结合马斯洛需求理论，我把青少年时期的需求转化为如下层次：

第一层次是食品(象征着物质上的需求)；第二层次是赞美(象征着精神意义上的初步满足)；第三层次是重要感(包括自尊、自信两个方面)；第四层次是学习上的成就感(指经过自己努力实现目标后的满足感，需要教育者的及时反馈与评价)；第五层次是成为一个优秀的好人(是指自我概念的建立标准)。我们会发现，每一个孩子都是想要上进的，想要获得深层满足的，但需要教育者一步一步给予不同层次需求的满足，孩子的自我概念就能因此建立起来。

四、教育孩子的过程，就是教育我们自己的过程

一位母亲对我说："我感谢我的孩子，在伴随她成长的过程中，我看到了一面镜子，在这面镜子的映照下，我看到了自己的问题，孩子身上放大了我的问题，也提示了我很多种正面问题和改善自己的方式。我在教育她，更在教育我自己。"

教育孩子的过程，就是教育我们自己的过程。

人的智慧来自两个途径，一是感悟，二是反思，后者孕育大智慧。孔子说，修养的最高境界是"不迁怒，不贰过"，"不贰过"就是指能在过错中反思自己，避免再犯同样的过错，坚持如斯，就能积淀一个人智慧的分量。通过自我反思来提高自己的境界，这其实也是一种自我教育，是认识自己、接纳自己、控制自己的一条捷径。教育者对自己过错的反思态度会极大地影响被教育者。

教育者的自我教育，关键在于"选择中接纳自己"这个环节。

很多朋友曾经问我：你心目中最美的女人是谁？在我的印象中，排名第一的应当是意大利演员索菲亚·罗兰，她曾获过奥斯卡最佳女演员奖。可是，她16岁第一次拍电影时，却遇到了不少麻烦。第一次试镜时，她失败了，所有摄影师都说她不够美人的标准，都抱怨她的鼻子和臀部不完美，导演建议她把臀部减去一点，

把鼻子缩短一点。演员一般都得听导演的，但索菲亚·罗兰没有听，她说："我的脸确实与众不同，但是我为什么要长得和别人一样呢？至于臀部，无可否认，我的臀部确实有点过于发达，但那是我的一部分，是我的特色，我愿意保持我的本来面目。"导演被她说服了。2000年，索菲亚·罗兰被评为"千年美人"。

索菲亚·罗兰的美，关键就在于接纳自己，接受自己，从而创造自己，这也是所有成功者的共性。人格的核心是自信，自信的女人才是最美的。

其实，何止是美人的美学含义，从某种意义上说，有缺陷的人往往更容易成功，关键在于如何接纳自己的缺陷。

日本"经营之神"松下幸之助临终前对他的一位老朋友说："我的人生经验只有四个字'抱残守缺'，正是因为我的三个明显缺陷，让我获得了成功。"松下幸之助认为自己的缺陷有三：一、出身贫寒。因此，他具备了别人没有的坚韧性和意志力；二、他小学未毕业，学历低。因此，他无法从书本上学习知识，只得听别人说，看别人行动，从而获得自己的感悟，而听来的、看来的恰恰是最接近真理、最实用的；三、他身体不好，经常卧床养病，很多事情只能依靠和借助别人的力量，渐渐他学会了管理。

没有缺陷和不足的人是不存在的。如果一个人什么都有，什么都会，其实往往阻碍他形成大的格局。比如我自己，我不会打麻将、不会打高尔夫、不会游泳、不会开车……我有很多不会，但我不太在意，倒省去了精力分散，把精神的力量转移到我擅长的方面，结果我的信心更足，因为我的"不会"就是我的"优势"，我深刻地尝到了"不会"的甜头。

教育者的自我教育要求，其实也是现代人心理健康的基本标准之一。前几年流行的情感智商概念，则是从另外一个角度阐释此规律的。美国学者丹尼·戈尔曼的《情商》中把情感智商归结为五点：提高自觉意识；控制情绪低潮，保持乐观心态；不断自我激励；增强同情心和移情心。据中科院院士杨叔子研究，这些其实在我国传统儒家文化中早就有了，与《论语》中的经典相对应：提高自觉意识——"过而不改，是为过也"，犯了错误自觉地加以改正就不为过了；控制情绪低潮——"不迁怒"，脾气不施于不相干的人和事上；保持乐观心态——"一箪食，一瓢饮，在陋巷，人不堪其忧，回也不改其乐"，任何恶劣的条件下，都是乐观的；不断自我激励——"惜乎，吾见其进也，吾未见其止也"，我只看到他一贯前进，从没有见他停止过；增强同情心和移情心——"仁"，颜回的仁心能长久保持，其他人不行。颜回这五条都做到了。另外曾子还讲了几点："以能问于不能""以多问于寡""有若无""犯而不校"(参见杨叔子《重读论语》)。

教育者的自我教育，是实现身教的前提，如果教育者自己能认识自己、接纳自己、控制自己，对于孩子来说，就是潜在的一种深刻影响。

五、借口"忙"，其实就是"心死"了

"忙"是对教育责任的逃避

平时接触很多的老师和家长，一般我都会建议大家抽出时间来学习如何教育，我听到最多的回应是："我太忙了，哪里有时间学习啊？"

我的学生王小东在听完皇甫军伟老师和我的课后，对于"忙"字感慨万千，他这样写道："'忙'字是由'忄(心)'和'亡'字组成，拆开就是'心亡'。**何为忙，心死也。**"

"忙"也是"盲"和"茫"。当你在忙碌的时候，你的视觉观察、思维反应力也是处于功能最弱势的状态。因而，离你最近的事物你却视而不见、见而不明。在人忙碌纷扰的时候，我们常常会做出一些错误的选择，错失良机，忽略或伤害了一些生命中最重要的人。在人生的跑道上，扬鞭策马快速疾驰，顾不上休整和自我调节，顾不上反思和感悟，拼命三郎般地往前冲，总有一天，要么会不幸运地撞进死胡同，要么闯到一个人生岔道口，无从选择。事实上，"忙碌""盲目""茫然"已经构成了一副中国现代人的生活现状的图画，大多数人生活在浮躁功利的现实社会中，困于辛苦矛盾困惑的局面，内心充满了挣扎的抉择和追索的压力。

台湾著名歌手李宗盛在歌曲《忙与盲》中这样写道："许多的电话在响，许多的事要备忘，许多的门与抽屉，开了又关关了又开如此的慌张，我来来往往我匆匆忙忙，从一个方向到另一个方向，忙忙忙忙忙忙，忙是为了自己的理想，还是为了不让别人失望；盲盲盲盲盲盲，盲得已经没有主张，盲得已经失去方向，忙忙忙盲盲盲，忙得分不清欢喜还是忧伤，忙得没有时间痛哭一场。"

因为忙，我们会逐渐疏远了朋友，冷落了亲人，忘却了自己的健康。在教育孩子的问题上，很多家长经常这样说"没时间陪孩子，因为我们忙；没时间看书和学习，因为我们忙；没时间给孩子做饭，因为我们忙……"以"忙"作为理由和挡箭牌，好像说出忙字就会得到原谅，就会得到支持和同情。可仔细回味一下，一天的有效工作时间非常少！如果因为你忙，有一天孩子迷失了人生的方向你会深深地自责和承受巨大的痛苦，当你面对孩子无计可施的时候，你就会有病乱投医。

拿"忙"这个字来搪塞自己，其实是对教育责任的一种回避。按照王小东的理解，"忙"的反义词应该是"静"，我是赞同的，我们的教师和家长首先要真正从忙中解脱出来，回归到平静和宁静状态中，用内心真实的情感和温度去呵护自己的孩子。静——非宁静而无以至远；静——大丈夫喜怒哀乐不形于色；静——心静自然凉；静——心静自觉书中味；静——室静时闻翰墨香；静——静谷幽兰现；静——心静理自明。

六、学而不用，方为大用

很多教师和校长学习了别的学校的经验，家长学了别人的教育经验，直接拿来应用到自己的学生或者自己的孩子身上，无数事实证明那是无效的。对于社会上流传的一般成功经验，我从来就不以为然，**因为只有从自己的学生或者孩子身上引导生成的智慧才是真正的智慧。**也就是说，学习的最高境界是学了不用，学了以后就忘掉，然后就自觉地内化为自己的教育素养与状态，将来在不同境遇下自然流露出来的，才是真正的教育。

一线教师——把自己放在低处，才能海纳百川

简单重复的工作生活容易让人麻木，甚至心灰意冷，一旦遇见了困难和挑战，更难以超越自己。因此，确定并提升我们所做的事情本身的意义与价值，是必要的，也是明智的。

尽管我们所做的事情可能是很低微的，但"最低陋的事情往往指向最崇高的目标"，即使你所做的事情再微小，也一定可以找到它的社会价值。

从这里起步，是为了向更高目标进军，世界上的事情是一步一步来的，和大海一样，把自己放到最低处，才可以容纳百川。同

时，人的情感世界与物质层面上的满足，可以让人心情愉悦，从而调节生活大的意义与价值，谨防非人文化。

一位教师问：我们究竟教给孩子什么？

我给出的答案是：教师首先要考虑的是，自己要做一个怎样的教师，是优秀的教书匠，还是一名教书育人的教育家。

前者决定了教师必须在完成教育教学的目标和任务的前提下，掌握优秀的教学法，使孩子会学，爱学，学有所成。后者决定了教育是一种状态，不取决于你教什么，而是你自己的境界到了一种程度后，自然就形成了一种精神力量，得"意"忘"形"，一种人格力量的流露和渗透，足以使孩子自觉地觉悟和提升。我把教师的专业发展设计为四个阶段：一是普通教师；二是教学能手；三是学科教育专家；四是教育家。每个一线教师都可以成为教育家。

教师可分为两种：一种是上进的人。刻苦努力，生气勃勃，力求上进；一种则是享乐的人，因循怠惰，得过且过，图安乐混日子，不思上进。在第一种力求上进的人中，又可以分为两型：仓储型和加工型。

仓储型的人很喜欢学习，他们的脑子好像一个仓库。他们把知识装进大脑之后，整整齐齐地码放好，然后就又去寻求别的知识。当需要他输出他的知识时，他可以很快地把保存得很好、包装还是崭新的知识原封不动拿出来，没有丢失、损耗和变形。

加工型的人则不同。他们把知识输入大脑后，立即把它们彻底消化，一面吸取其营养，积淀自己的功力根基，一面对它反复进行加工，把它们和过去吸取的东西融合到一起，组合成一种更新、更好、更切实用的东西。加工型的人，总是用他极强的悟力，悟出独到之处。很可惜，在力求上进的这一类人中，加工型的人所占的比例极小，而正是这种上进类加工型的人，推动着社会的前进。

父母的自我更新——学习是必须，悟道是目标

很多父母学习了以后，总想把学到的东西立即用到自己的教育实践中，所谓"活学活用""现学现用"。

真正的学习是学而不用、悟而不用，学的目的是悟，而不是用。**悟了，就会内化为自己的一种素养，悟得多了，就能积累一种境界和高度，有了高度以后，自然流露出来的心态，就是最好的教育。**

一学就用，或者学的目的是直接使用，属于浅层次的学习。每一个孩子都是独立的个体，任何一种教育经验甚至方法都未必适合他，只有活化的、个性化的"流露"才是真正的教育。教育做到极致就是文化。为什么那么多不识字的母亲教育出了那么多优秀的人才？她们没知识，但有文化。不能准确地给文化下一个定义，但基本上可以确认的是，文化就是一种状态，一种情怀，一种意识，一种耕耘，一种生命对生命的对话与交流，最后融会贯通之后，就是一种力量，对心灵产生影响与感召的力量。教育之所以是大智慧，就是因为它无形，但胜有形；无用，但大器天成。教育之道，就是指导人们提高生活质量之道。

我很固执地认为，改变中国教育，要从改变家庭教育开始。因为家庭是孩子生长的土壤，因此，改变家庭教育土质，是一切教育改革的起点。而很多家长认为，做父母是天生的义务，不需要专门

学习怎样教育孩子，再说我们的父母，父母的父母都没有经过专门的学习。

可是，现实生活中，即使是受过高等教育的父母，也未必能培养出优秀的子女。清华大学一位老教授听了我的讲座，课后找到我，拉住我的手说："我对自己的孙子真的是一点办法都没有，听了您的课，我认真做了五页的笔记，也想了很多，感觉自己在您面前，就像一个小学生。我代表老一辈的人对您的工作表示由衷的感谢，感恩，我还要告诉我身边的所有人，做父母亲，一定要专门学习。"

童话大王郑渊洁说过："教育孩子就像开飞机，如果没有专门学习过开飞机，十个有九个都会掉下来。"我考察过很多国家，比如瑞典，所有要结婚的人必须学习专门的家庭教育功课，学习合格后才能拿着这个结业证书去登记结婚。

我认为每个家长都应该学习家庭教育理论，马克思说："法官的行业是法律，传教士的行业是宗教，家长的行业是教育子女。"这句话非常深刻。作为法官，必须执行法律，否则就是失职；作为传教士，必须以传播宗教为本分，否则就是不虔诚；同样，作为家长，必须以教育子女为天职，否则就是不称职的家长。**做父母的，必须像法官、传教士那样忠于职守，更加重要的是，家长这个职务是不能退休的，是终身制的。**

我国有近 4 亿未成年人，关心孩子健康成长、有一个美好的未来是广大家长共同的愿望。但如何做好"第一任教师和终身教师"，却不是每一个家长都清楚。如果按照老一辈人的方式教育孩子，有时不仅是无效的，甚至会招来孩子的反感，因为时代发生了前所未有的变化：

首先，如此庞大的独生子女群体是人类史上的一个奇迹，而人类在面对没有玩伴的独生子女的教育方面，没有任何经验；

其次，现在孩子的身体发育大幅度提前，许多新问题随着身体变化时间提前以新的面貌层出不穷，使我们无法以既有的方法应对；

第三，我们的社会处于大转型期间，以经济建设为中心的社会发展，使孩子成长的文化土壤与历史上任何一个阶段都不同，财富和竞争概念的灌输，让很多孩子提早进入成人世界的竞争规则，失去了他们应当有的真正的童年；

第四，在电视机前以及在网络时代长大的孩子，具有特殊的心灵生长特征，这是上辈人根本无法理解和解释的教育现实。

家长的学习，重点是在研究如下两个命题：一是母亲文化。就是母亲对孩子施以德行、礼仪、品格、气质的养育过程中，以慈母之心和德淑高雅的行为对子女人格的浸润。母亲文化的伟大在于"德""容""言""功"所表达出的社会责任感，厚德在于母亲在操持家务和待人处事的过程中所表达出的通情达理、温厚容让。优秀的母亲对于孩子是一片海洋，宏大广博，是安全感和幸福感的来源，是一种激励的力量。母性所展示的人性，所表达出的修为和牺牲精神，是孩子永恒的精神教练；二是父亲文化。考古学家郭沫若认为父字乃斧之初文，其两把板斧，一把是思想和智慧的给予，一把是方向和力量的给予。而许慎的《说文解字》认为，父乃"率教者"，是家庭中定规矩、以理念统领行为、以"道"教子的人。父爱这种理性使命和方向的引领，是一种伟大精神的输送，父爱的理性越具方向性，对孩子日后的目标、定力越具指引力，父亲的理性、智慧与责任的表现，是孩子信仰、性格、动力、精神的基础。

可以说，如何整合两种文化力量，是当前家庭教育理论的研究方向。

七、沉得住气，才能成为一名教育家

人在儿童时期的核心竞争力是力气，谁的力气大，谁就是胜利者；在学生时期的核心竞争力是成绩，谁的成绩好，谁就是胜利者；在中老年时期的核心竞争力是人格，人至极善，拼的是人格力量。

那么，无论是教师还是家长，要成为教育家，主要依靠什么？**我认为，关键是"沉得住气"这是目前教师和家长特别欠缺的一种核心能力。**在这个转型的时代，人心浮躁，大家最缺乏的就是恒心和耐心。如果你一个人能沉得住气，自然就会在浮躁的人群中脱颖而出。最终人们看重的是：你耐心做过什么事，你的骨子里是否有一股向上的精神，你未来打算做什么，你手里有什么东西，你是否经历了艰苦，你曾经因此结识了什么人。故而"沉得住气"就有了丰富的精神内涵。所谓"沉得住气"，实际上就是曾国藩创立的"五到"之说，这"五到"的解释是：

(1) 身到。就是说要亲身历事，要做调查研究，要勇于实践，不能只在纸上功夫。曾国藩举例说：做官，就要亲自查验案件，亲自巡查乡里；带兵，就要亲自巡视营寨，和士兵一起攻城陷阵，同甘共苦。当官的不去下面调查，满足于下面的报告，做研究的不去亲身考核，满足于引用别人的资料，这都是不踏实的。在曾国藩之后，毛泽东又将"身到"的原则更加发扬光大，旗帜鲜明地提出"没有调查就没有发言权"。"身到"对于教育者来说，是较为重要的：做教育，也需要走出去，走到学校里去，走到课堂上去，走到国外去，看得多了，觉悟自然就会到。

(2) 心到。就是说对事情要用心揣摩、苦心剖析，力求获得透彻的理解。从辩证法上来说，对事物的认识是不断深入的。如果仅仅停留在事物的表面现象，而不进行深入的分析，是无法真正认识事物的。思考教育，当从生命发展的规律上去探究，掌握教育的本质规律，建立自己系统的、理性的思考。

(3) 眼到。就是要认真看。这条看起来很简单，其实，"眼到"关键是练眼。曾国藩看人，一眼就能把人的长处、缺点及其前途发展看个八九不离十，这是什么样的"眼功"！看公文、看书，也有各种各样的看法，有人仅仅看到字面的意思，有人则看到了字里行间的深意。眼力不同，看到的也绝不一样。前面我讲到要"阅人无数"，就是要求教育者，要"放下分别"地去研究、对话每一个孩子，从每一个孩子的身上找到学习和发展的共性。

(4) 手到。就是要勤写。比如人的优缺点，事情的关键点，想到就随手记录，以免遗忘。曾国藩在这方面极为用心，他的日记就有若干种，有的用来反省自己一天的过错，有的用来记录读书的心得，有的用来品评人物……曾国藩从自我修身养性的功夫到识人办事的水准再到诗文方面的成就，无不得益于这些笔记。教育者应当养成动笔的习惯，日日有所悟，日日有所记，天长日久，其功自现。

(5) 口到。就是善用其口。我们都有体会，用笔和用口交谈，方式不同，作用也不同。尤其是在军队中，如果只用公文告诉战士们该做什么，而不用嘴鼓舞士气，绝对是一大失误。这一点对于教育者来说尤为重要。用口的关键在于在合适的时间点，说合适的话。话多则贱，自然也缺乏了表达的力量。

细看曾国藩之所谓"五到"，无非是脚踏实地、不厌烦琐、不怕艰难地埋头苦干，看上去虽觉得不是一件难事，但非有自己认定"拙诚"二字而抱着这个决心的人，是不容易做到的。

我个人对此的体会是：**越是聪明的人越需要下笨功夫**。我们课题组的一位副组长、教育专家唐曾磊在他的著作《爱学习、会学习》中专门谈到我的一个实践和经验，他这样写道："林格老师曾经跟我分享过他高考时的一种做法，那时候他学文科，他说他曾经把历史课本抄过七遍！他说，抄过七遍后，他发现很多历史上的细节题目他都可以轻松答出来，而且可以做到对历史的知识很系统地把握和运用。生活中有太多的聪明人，但是却没能有大的成就，原因就是没有在一点上下笨功夫。能够看透这点，并且能够狠下心做笨功夫的人才是真正有智慧的人。"

很多人认为聪明的人才会成功，其实恰恰相反，很多聪明的人做事情往往难以成功。人们常说"聪明反被聪明误"，说的就是这个道理。很多聪明人做事情不能成功，原因有二：一是不能下笨功夫；二是他们没有找到他们价值体系中最重要的事情去做，却去做一些不怎么重要的事情，所以他们内心缺少全力以赴的动力。一件事情的成功往往需要较长时间的积累，但很多人在积累的过程中，忍受不住这种没有成功的煎熬，放弃了，最后剩下来的就是那些真正成功的。在这个过程中，最最需要的，不是一个有什么小聪明的智叟，而是有决心下笨功夫的愚公！

中国人有句俗话"龙生龙凤生凤"，似乎有诸多反例，但是对于孩子而言，它又揭示了一个硬道理：父母的格局、情怀、理念，会在很大程度上影响孩子的成长。很多父母是靠嘴来教育孩子，要求、规定、劝诫孩子……苦口婆心，但是他们自己并没有做到对孩子的要求。父母要求孩子要学习拔尖，实际上自己是在混日子；要求孩子要有学习能力，实际上自己的知识更新早已停滞，也完全没有兴趣接受新鲜事物；要求孩子要有解决问题的能力，实际上自己根本就是面对问题绕开走……

父母的职业是终生的，学习也是终生的。培育孩子是成人成

> 父母的职业是终生的，学习也是终生的。

长的第二次机会，放弃了这个机会，教育容易失效，自己也失去了迈入更高境界的可能。一个只会说孩子而不会反观自身的父母，从根本上说没有资格对孩子指手画脚。

第六章
真正的教育是个性化教育

一、不可迷信"多元智能"

多元智能只是一个很好的思考角度

创造适合每一个孩子的教育，是素质教育的基本要求，不同的孩子都会有各自的优势和特长，这也是个性化教育成为当前教育改革的主流方向的原因。于是，近几年来，很多人迷信多元智能的理论，甚至将之结合到学科教学之中去应用，认为多元智能是解决个性化教育的灵丹妙药，这是值得商榷的。

所谓多元智能，就是哈佛大学心理学家霍华德·加德纳提出的相对于智商(一元智能)的多元智能理论，按照加德纳教授的分析，每个人都至少拥有八种独立而又平等的智能，每个人的智能结构不同，但它们都在组合性地发挥作用：

(1) 语言智能，是指人们对于语言文字的掌握、运用、表现的能力。这种能力在诗人、作家和演说家身上表现得最为突出。

(2) 数学——逻辑智能，是指数学思维和逻辑推理、科学分析的能力。

(3) 视觉空间智能，是指在脑中形成一个外部空间世界的模式，并能够运用和操作这种模式的能力。水手、工程师、外科医生、雕刻家、画家等往往具有高度发达的空间智能。

(4) 音乐智能，从事音乐创作、演奏和其他舞台表演的人，通常在这方面比较突出。

(5) 肢体——运动智能，是运用整个身体或身体的一部分解决问题或制造产品的能力。舞蹈家、体育运动员、外科医生、手工艺大师在这方面有突出的表现。

(6) 人际智能，就是理解他人的能力，教育家、心理医生、宗教领袖、政治家、推销员、经纪人等具有这方面的长处。

(7) 自我认知智能，这是一种深入自己内心世界、了解自己的感情生活、辨别自己的情绪变化、体验自己精神活动的能力，即建立准确而又真实的自我模式，并在实际生活中有效地运用这一模式的能力。这种智能表现比较隐秘，如果观察者想探知的话，需要有来自语言、音乐或者其他显性智能的证据。一般来说，文学家、哲学家、心理学家、神学家、音乐家都是善于显现自己的自我认知智能的人。

(8) 自然观察智能，如达尔文等人的发现自然的能力就是一个证明，自然观察智能是《多元智能》一书出版后的新发现。

加德纳的贡献在于为个性化教育提供了一个很好的角度，但也有明显不足，那就是仍然是站在为孩子设计教育的角度，实质上仍然没有脱离控制孩子主动发展的教育误区。现在很多学者专门研究多元智能的在各学科中的应用，很可能是一条错误的道路。我们的传统教育都是以知识为中心的人为设计，如果把八种智能论当作理论基础的话，就落入了"我来控制你的发展"的俗套，漠视了人的发展必须依靠自己去提升精神生命。因为，**只要儿童在合理的引领**

下自然生长，他们会呈现出丰富的生命图景，根本不用教育者依照八种智能去设计、培养他们的个性。譬如我们可以研究某种植物有八色花，从根本上说，只要培植好植物本身，它就必然会按照它的本能开放不同颜色的花朵，并不需要用人工的方式制造它，何况是生机勃勃的高级生命——人。

唤醒孩子心中的巨人——假定最佳才能区

我认为，与其迷信多元智能，不如建立更加有效的途径——假定最佳才能区。假定最佳才能区，顾名思义，就是在孩子并未表现出对某方面的特殊兴趣和才能时，教育者有意识地将某个领域假定为孩子的特长和发展方向，并据此对孩子进行一系列培养、训练，最终目的是使这个假定的最佳才能区真正成为孩子的兴趣和特长所在。

即使是天赋极普通的孩子，身上也蕴藏着极大的潜力。英国教育家托尼·布赞简明地指出："你的大脑就像一个沉睡的巨人。"假定孩子最佳才能区的目的也正是要唤醒这个沉睡的巨人。

在教育学上，"皮格马利翁效应"已得到大量实践的证实。皮格马利翁是希腊神话中一位国王，他用尽心力，雕塑了一尊少女塑像。少女像是如此美丽，又是如此传神，皮格马利翁不禁爱上了她。从此，他每天守在雕像前，亲切地呼唤她、与她交谈、爱抚她……不知过了多长时间，少女居然从石像变成了真人！"假定最佳才能区"的做法其实是"皮格马利翁效应"的一种应用。

美国教育家罗森塔尔曾经做过一个著名的实验，他把一群小老鼠一分为二，把其中的一小群(A群)交给一个实验员，说"这一群老鼠是属于特别聪明的一类，请你来训练。"把另一群(B群)交给另外一名实验员，告诉他："这是智力普通的老鼠。"两个实验员分别对这两群老鼠进行训练。一段时间后，罗森塔尔对这两群老鼠进行穿越迷宫的测试，结果发现，A群老鼠比B群老鼠聪明得多，都跑出去了。

其实，罗森塔尔对这两群老鼠的分组是随机的，他自己也根本不知道哪只老鼠更聪明。当实验员认为这群老鼠特别聪明时，他就用对待聪明老鼠的方法进行训练，结果这些老鼠真的成了聪明的老鼠；反之，另外那个实验员用对待笨老鼠的方法训练，也就把老鼠训练成了不聪明的老鼠。

罗森塔尔立刻把这个实验扩展到人的身上。1968年，他和助手们来到一所小学，说是要进行一项实验：从小学一年级到六年级各班中选了18个班，对班里的学生进行了"未来发展趋势测验"。之后，罗森塔尔以赞赏的口吻将一份占总人数20%的"最有发展前途者"的名单交给了校长和科任老师，并叮嘱他们一定要保密，否则会影响实验的正确性。

8个月后，他们再次来到这所小学，对那18个班的学生进行复试。结果奇迹出现了：凡是上了名单的学生，个个成绩都有了较大的进步，而且活泼开朗，自信心强，求知欲旺盛，更乐于和别人打交道。

其实，当初那份名单只是罗森塔尔随机挑选出来的，不过这个谎言对老师产生了心理暗示。在这8个月里，左右了老师对名单上的学生的能力评价，老师又将这一心理活动通过情感、语言和行为传染给了学生，使学生强烈地感受到来自老师的热爱和期望，从而使各方面得到了异乎寻常的进步。

这一实验结果深刻地表明了一点：教师对学生的期望影响着学生的学习成绩。这一结果当时在美国教育界引起轰动。

美国教育心理学家布卢姆在《工作与激发》一书中阐释了期望理论，用公式表示为：激发力量＝效价×期望。"激发力量"指人们努力工作所激发出的最大创造力，"效价"指满足个人需要所产生的价值，"期望"指根据价值取向所表达出的期望和暗示。

一位有经验的小学特级教师，曾经讲过他在教学活动中的一个故事，可以用来说明"皮格马利翁"的威力。在他担任小学一年级的班主任和语文老师的时候，面对刚入学的学生，这种期望效应竟然能够得到突出的表现。有一个男孩父母离异，和外公外婆住在一起，而他们既无文化，又因为经商没时间管教，孩子上课不专心听讲，学习也差，写拼音连声母韵母的位置都要颠倒。这位老师却常表扬他聪明、会学习，是个好学生，利用选派升旗手和鼓励他加入少先队为期望目标，告诉他一定可以做好。后来这位孩子果然有了进步，由考试不及格到期末被评为三好学生。

"假定最佳才能区"的功效也许可以解释人才的家族现象。例如巴赫家族早在1550年就出现了音乐天才，经过五代之后在巴赫身上表现得最为突出，直到1800年的列吉娜、苏珊娜之后才衰竭，在这前后两百多年的时间里，巴赫家族中出了约60名音乐家，其中有20名为著名音乐家。

我们可以想象，这个家族的每个孩子出世时，父母、族人乃至周围所有的人都会下意识地认为：又一个音乐家诞生了。这种潜意识里的期望值不知不觉转化为孩子的自信和动力。作为一个巴赫家族的成员不通音乐，那是说不过去的。而环境也的确给了他们条件。从出生开始，音乐就伴随他们左右，成为他们生活最重要的一部分。家里人时时刻刻都在读音乐、写音乐、练音乐……久而久之，音乐已经化入他们血液之中，自然而然成为他们的最佳才能。

当父辈致力于某项事业而未获成功，他们往往会将此项事业交给儿孙。父辈的期望同样起着给子女"假定最佳才能区"的作用。

例如史圣司马迁，现在很少有人知道司马迁的祖辈为他铺平了道路，仅以为他的成功来自在受宫刑后的逆境里忍辱负重。其实，司马迁的祖先已经是周王室的太史令了，到了司马迁的父亲司马谈时可说如日中天，他曾论述阴阳、儒、墨、名、法、道等家要旨，指出其所长所短，可以说他已经具备了一个伟大史家的条件，只是由于早逝，没能实现自己的目标，临死之前才叹道："是命也夫，命也夫！"壮志未酬，死不瞑目！

值得庆幸的是，司马谈不仅是一个伟大的史学家，更是一个伟大的父亲，为了培养司马迁，在他10岁时就开始让他诵读古文，20岁时又让他游天下，考查遗闻轶事，搜集史料，学公羊于董仲舒，受古文于孔安国，习家学于自己。正是打好了这样的基础，司马谈在临死的时候，才殷殷告诫儿子司马迁："一定不要忘了我想撰写史书的事……"就这样，父亲的愿望成为儿子的理想，父亲的才华激扬了儿子的才华。司马谈从司马迁小时起，便有意识地培养他成为史学家，将史学定位为儿子的最佳才能，结果造就了一代史圣。

孩子身上蕴藏着无尽的潜能，假定最佳才能区便是为他们的潜能打开一条通道。这正像在资源丰富的油田，只要钻井钻开一个孔，石油便会喷涌而出……

二、当鞋合脚时，脚就被忘记了

印度哲学家奥修有一本书叫《当鞋合脚时》，值得教育者反复阅读，书中提到："当鞋合脚时，脚就被忘记了。"对教育的启迪就是，**给不同孩子提供适合其个性的教育，让孩子不至于感受到"硌脚"的痛苦，甚至感受不到自己在接受教育，那么教育就是自然而然的了。**

当前社会上流行很多"个性化教育"以及"一对一"的概念，不妨理解为一个老师对一名孩子的"加餐教育"，并非真正的个性化教育。

个性化教育，又叫差异化教育，其尺度也是人性尺度，其内涵是"适合"，适合的才是有效的。这里的"个性"不同于心理学意义上的个性，心理学上的个性是指人格，包括人的兴趣、性格、气质能力，有一本书很有名，叫《九型人格》，就是阐释不同人格的心理学著作，这样的分类很复杂，在实践中是并不能区分的。从教育角度上来理解个性，就是给每个孩子以不同的适合他自己的发展机会。个性化教育是和谐教育，是"多样统一"，就是尊重孩子差异性的教育，素质教育的内涵要求就是"用多把尺子量不同的孩子"。

实施个性化教育的难点在于评价，当前的分数评价指标并非无效，但过于单一化、表面化，值得进一步探讨。在《100个基层教师的口述》中，李默老师的做法令人耳目一新：

李默老师刚刚担任班主任的时候，这个班级有一位孩子自我约束能力极差，经常不遵守学校纪律，上课到处乱走，一节课有好几次打乱教学秩序，为此经常受到李老师的批评。可她对批评教育置之不理，从来没有认真地改正过，是有名的后进生。李老师多次找她谈心，对她进行说服教育，还同她的父母进行沟通交流，共同对她进行教育，可她就是顽固不化。

李老师重新审视了自己的工作，利用晨会课组织班级举行了一个小小的活动"今天夸夸我，明天等着你"。李老师让孩子们用自己的眼睛去发现身边的好孩子，孩子的眼睛是雪亮的，很多平时表现好的同学都受到了同伴的表扬，都乐开了花，可就是没有人表扬这位同学。后来，李老师在全班表扬了这个孩子借给同学们橡皮和帮助老师拿教具的事迹，同时也对她平时表现不好的行为提出了要求她改正的看法。孩子们有很强的向师性，在李老师的鼓动下，同学们也开始对她投来赞许的目光，笑容再次出现在她的脸上。这节为她准备的晨会课成功了。事后，李老师看得出这个孩子内心充满悔意，这说明她已有改变自己和重塑自己的愿望和决心。李老师把她找来，鼓励了一番，决定给她一个月的改正时间，如果能经常控制和约束自己，凡事三思而后行的话，完全可以成为一名优秀学生。最后李老师说："老师期待一个完美的你展现在老师面前，努力好吗？"

　　从那以后，这个学生像换了一个人，不仅在行为上对自己严格要求，学习成绩也有明显进步。正如李老师说的"**孩子的潜能像空气，放在多大的空间里，它就有多大。**"

　　教育者应根据孩子的差异性创造性地使用各种评价手段，巧妙发挥评价作用，让评价掷地有声、个性化、真实可信，让孩子们真正受益。每个孩子都有要求进步的愿望，都有丰富的潜能，有自己的智能优势。通过良好的教育和训练，每个孩子都能成材，这是教育的本意和真义。

三、教育的价值，在于唤醒自觉

《易经》里说："形而上者谓之道，形而下者谓之器。"所谓"道"，就是洞察，"器"，是技术。我们并不缺乏教育技术，缺乏的是对教育规律的洞察。**教育之道，就在于洞察、处理人的内在自觉**。北京四中校长刘长铭应当是当代中国最有人文底蕴的校长之一，常有人问他教育是什么。刘校长认为，至少有一点是最重要的，那就是唤醒人的自觉。他曾在一次演讲中引用了这样一个故事：

五十年前，在一节俄语课上，一个小男孩儿没有听讲，而是悄悄画老师的漫画肖像。当老师提问时，惶恐中，他把书本和那张涂鸦之作都碰翻在地上。老师捡起那幅小画很认真地看了看说："这画送我做纪念吧！下课后到我宿舍来一趟，我送给你一本特列嘉科夫画廊的藏画。"从这一天起，这个小男孩儿成了学校俄文黑板报的美工。二十多年后，他成为著名艺术家，担任了人民美术出版社的总编。

刘校长曾发短信问他："老师在宿舍里批评您了吗？"

回复："没有。"

刘校长再追问："那您以后在课堂上又画过画吗？"

回复："没有批评，但我确实也没再在课堂上画过画。因为他给我安排了一项任务——给学校的俄文板报画插图，我工作蛮认真……老师信任我，尊重了我，我当然就有了一种责任感。现在明白了，那实际就是一种现代社会成员所应具备的'契约意识'——那就是一定要把黑板报办好！不能辜负他人！四中从我们一开始入学，就肩起了它的造就之责。"

刘校长进而认为，教育最重要的价值追求，就是唤醒人的自觉，让孩子懂得自尊、自知、自律、自爱，形成健全的人格，成为一个好公民。这应当是构建现代教育文化的前提。

我很赞同刘校长的高明洞见。孩子的成长过程，实际上就是自我意识不断增强的过程，在这个过程中，孩子开始有越来越大的主观能动性，对成人的指挥和安排表现出更大的选择性。这时，教育者应该如何对其施加有效影响呢？换个角度看就是——人为什么会不自觉地接受别人的影响呢？

人的判断和决策过程，是由人格中的"自我"部分，在综合了个人需要和环境限制之后做出的。这种决定和判断就是"主见"，一个"自我意识"比较发达、健康的人，通常就是我们所说的有主见、有自我的人。

但是，人不是神，没有万能的自我，更没有完美的自我，这样一来，"自我"并不是任何时候都是对的，也并不总是有主见的。自我的不完美，就给外来影响留出了空间、给别人的影响提供了机会。

我们发现，人们会不自觉地接受自己喜欢、钦佩、信任和崇拜的人的影响和暗示。这使人们能够接受智者的指导，作为不完善的自我的补充。这，就为教育提供了可能性。

其实，当教育者把孩子的自觉唤醒后，他就完成了作为教育者最重要的工作，因为人在自觉意识产生后，就获得了主动发展的永不枯竭的动力与热情。

四、一切教育皆有线索

一把钥匙开一把锁。推行个性化教育的任务，就必须为每个孩子找到一把适合他的钥匙。对于很多教育者来说，这似乎很难，因为学海茫茫，何处寻"钥匙"？

经过多年的教育实践，我有一个深刻的体会，在寻找那把"钥匙"的过程中，一定是有线索的，有了线索，再去量身定做"钥匙"就变得非常简单、直接。

这个线索就是自尊心。以前《南方周末》有一句话很有名："总有一种力量让你泪流满面"，这种力量其实就是人的自尊。

自尊是人对自我评价的总概括，是人内心深处最柔软的部位，只有捍卫、保护每个孩子的这个部位，他们的心灵才有可能被唤醒。可以说，自尊是一切个性化教育的线索，教育者的一举一动都可能影响到每个孩子的自尊，有时可能是连自己都没注意的一句安慰或一声鼓励，却可以给予孩子莫大的关怀，也许会影响他们的一生。

一位保姆住在主人家附近，她是单身母亲，独自抚养一个四岁的男孩。

有一天，主人要宴请很多客人。他对保姆说："今天您能不能辛苦一点，晚一些回家？"保姆说："当然可以，不过我儿子见不到我，会害怕的。"主人说："那您把他也带过来吧。"

保姆急匆匆地回家，拉了儿子就往主人家赶，边走边说："妈妈带你参加一个晚宴。"

到主人家后，保姆把儿子关进主人的洗手间，说："这是单独给你准备的房间。"指指马桶："这是凳子。"再指指洗漱台："这是桌子。"然后从怀里掏出两根香肠，放进盘子里，说："现在晚宴开始了。"

盘子是从主人家的厨房里拿来的，香肠是她在回家的路上买的，她已经很久没有给儿子买香肠了。

男孩从没见过这么豪华的洗手间，也不认识大理石洗漱台。他闻着洗涤液和香皂的淡淡香气，幸福极了。他坐在地上，将盘子放在马桶盖上，盯着香肠，唱起歌来。

晚宴开始的时候，主人突然想起保姆的儿子，就去厨房问保姆。保姆说："也许是跑出去玩了吧。"主人看保姆躲闪着目光，就在房子里寻找。终于，他顺着歌声找到了洗手间里的男孩。男孩正将一块香肠放进嘴里。

主人愣住了，问："你躲在这里干什么？"男孩说："我是来这里参加晚宴的，现在我正在吃晚餐。"主人问："你知道这是什么地方吗？"男孩说："知道，这是单独为我准备的房间。"他问："是你妈妈这样告诉你的吧？"男孩说："是……其实不用妈妈说，我也知道，晚宴的主人一定会为我准备最好的房间。"男孩指了指盘子里的香肠："我希望能有个人陪我吃这些东西。"

主人默默走回餐桌前，对客人说："对不起，今天我不能陪你们共进晚餐了，我得陪一位特殊的客人。"然后，他从餐桌上端了两个盘子，来到洗手间的门口，礼貌地敲门。得到男孩的允许后，他推开门，把两个盘子放到马桶盖上，说："这么好的房间，当然不能让你一个人独享……我们共进晚餐。"

那天，他让男孩坚信洗手间是整栋房子里最好的房间，他们在洗手间里吃了很多东西，唱了很多歌。不断有客人敲门进来，露出美慕的表情。向主人和男孩问好，他们递给男孩美味的食物和饮料。后来，客人们干脆一起挤到小小的洗手间里，给男孩唱起了歌。

多年后，男孩长大了。他大学毕业后，找到了一份不错的工作，尽管并不富有，他还是一次次地拿出钱去救助穷人，而且从不让那些人知道他的名字。他说："我始终记得多年前的一天，有很多人小心地维系了一个四岁男孩的自尊。"

自尊，隐含了人发奋图强的密码，只有自尊得以保证的人才能积聚无比强大的精神能量。我认识的很多成功人士，他们都有过自尊被唤醒的刻骨铭心的经验。

孩子会在不同年龄段撒谎，这是正常的现象，他们迟早会对你说谎，孩子愈大，谎言愈高明，而且说谎得逞又逃过处罚，所撒的谎会越来越多。很多教育者很烦恼。其实，当孩子撒谎的时候，是教育者巩固其自尊的关键时刻。每个人都会经历幼稚、出现差错和失误，揭示孩子的不诚实时，要小心维护孩子的自尊，因为，孩子捏造谎言有一个很主要的原因是为了隐藏事实逃避处罚。有一位父亲是这样应对孩子撒谎的：

一次，爸爸问小雨考试成绩怎么样，他说还可以。爸爸要看他的试卷和排名表时，他却为难地说弄丢了。爸爸没有审问，没有搜查，只是拍拍他的肩说："爸爸信任你是个诚实、进取的孩子。"

过了两天，小雨告诉爸爸老师要来家访，然后欲言又止。爸爸见状，鼓励他说出来。小雨低着头向爸爸道出了真相：原来他英语考试作弊，被老师没收了试卷，英语成绩为零分。爸爸听后，没有训斥，而是平静地说："你心里也为此难受。你是希望考好成绩，让父母高兴。"孩子对父亲的理解充满了感激，也下定决心努力学习。

小雨的爸爸没有因孩子撒谎，采取严厉的管教，而是用朋友式的谈心很好地与之交流，他对孩子撒谎表示理解，对孩子的认错予以接受，正是他小心维护孩子的自尊，使孩子改掉错误，不断进步。

每个孩子都可能犯错，但父母的爱会使他们不忍心去辜负父母的厚望和信任。如果直接揭穿孩子的谎言，伤害他的自尊，孩子也许从此就会破罐子破摔，长此以往，后果不堪设想。教育者要抓住每一个机会，呵护孩子稚嫩的心灵，无论孩子做了什么，千万别以伤害孩子自尊心的方式去进行说教，那样不仅无济于事，还会起反作用。

五、如何提高成绩——个性化教育的操作系统

所有的成功都是个性得到充分发挥的结果。以往所倡导的个性化教育的缺陷就在于缺乏有效的自我评价环节，因此，不能实质性地解决问题，基本上停留在理念上，缺乏操作性。

世间万物的发展都是有序的，任何事物的发生、发展都有其必经的轨道，必须经由一定时间和相当程度的量变的积累，才可能获得质变，而不可能一蹴而就。客观世界的一切发展，都是既有渐进，又有飞跃的"阶梯式"。

人往高处走，沿着阶梯走，阶梯本身也是一个引领上进的重要的教育价值观。**在教育领域中，"阶梯"的提出，看起来简单，但意义深远，是当前提出创造适合每个孩子水平的教育问题的一个重要突破口，也可以说是个性化教育的实质。**只有阶梯，才能使不同水平的孩子和教育者各得其所，避免了要求每个孩子和教育者一步到位达到所谓"完美教育"的苛求完美的问题。包括很多人会认为本来极为精彩的"生本教育""新基础教育""新教育"等教改模式很难让所有的教师和孩子一下达到教育目标，其中一个原因，就是缺乏一个阶梯系统。

全国养成教育总课题组副组长程鸿勋教授，是当代中国最具

代表性的教育家之一，也是我最认同的导师之一。我经常讲，当代中国的教育改革，要看四个人，其中一个就是程鸿勋教授。他花了三十年时间只研究了这一个问题——阶梯，创造了先进、系统、有效的"阶梯式学习法"。

阶梯式学习法是当代中国解决学习问题的四大方案之一，其独特而重大的教育价值在于：

(1) 把孩子学习的主动性、科学性、不断成功结合起来，在人的内在世界里发生作用；

(2) 为每一个孩子提供适合他们水平的发展机会，是可操作的差异化教育；

(3) 注重过程价值，教育过程质量才是真正的教育质量，有过程活动人才会真正有所体验、感悟、生成、创造；

(4) 自定目标、自找办法、自我评价、自我负责的教育，是让孩子学会自己对自己负责的教育；

(5) 避免了片面追求成绩的局限，从人的学习状态和学习习惯着手，从更新的角度来间接提高成绩，效果比直接为了成绩而成绩更符合人本的要求，而且更加具有操作性。

作为新时期养成教育的一个重要组成部分，我曾花了很多精力推广、完善阶梯式学习法系统，并将其作为教育整体改革中一个关键环节，在全国养成教育实验学校进行重点实验，效果明显，解决了教育中的很多重大难题。

阶梯式学习法的真谛在于给每个孩子一个阶梯水平体系，引导定位孩子对自己当前的状态和水平，然后结合实际生成阶梯目标，自己教育自己，一步一步实现进步。为了便于读者自己去生成属于你的孩子的阶梯目标，这里结合程鸿勋教授的总结和概括，介绍一下涉及各学习主要环节的各级水平要求——

上课的阶梯(见图6-1)

很多家长不知道，孩子学习好不好，85%取决于孩子上课的水平高低。上课时孩子表面都一样，而内心的差别很大。有的孩子上课很热情、思维积极活跃，而有的孩子上课态度懒散、思维简单。时间长了，结果很不一样。可以说，孩子在学校期间，出现知识、能力、品德思想等方面的差异，包括其素质差异，很大程度上是孩子长期上课参与水平不同的结果。孩子上课的水平可以分为如下五级。

一级：跟着上课。上课时，孩子简单地听，被动地抄笔记。当然，能跟着听懂一些知识，也算不错了，但这样上课，劳动量很小，一点都不累。问题严重的是，现在有很多孩子，包括一些父母和教师，还不了解这样过分"老实"地上课是低水平上课，是学习不能提高的一个重要原因。

二级：识记上课。又叫懂记上课。主要有两个要求：一是要积极思考。程教授回忆自己上学时，有时上课因为思考脸都热烘烘的，下课必须出去休息休息，学习好的孩子都有过这样的体验。孩子学习好坏的问题归根结底是上课是否积极思考问题；二是在懂的基础上有意记忆，课后能复述出课堂的主要内容。有的孩子找我补课，问他上课情况，别说具体内容，就连老师讲的题目都不记，这样学习成绩是不会好的。记忆既是人的思维基础，又是思维水平的重要标志之一。孩子正处在记忆力发展的最佳时期，大有潜力。所以，一定要加强有意记忆和课末复述。

三级：联想上课。也有两个要求：一是要积极思考、展开联想。深入了解孩子就会知道，我们的孩子上课很少联想，甚至不想，学得很"死"。所以可以告诉孩子上课一定要多想，想得越多越好；二是要主动积累经验。有的老师上课讲经验一套一套的，而孩子主动性不够，一检查发现，教师讲的好经验孩子得到的很少。带过毕业班的老师都深有体会，孩子不积累经验，经验不系统化，就谈不上能力，中考、高考成绩不会好。孩子主动积累经验，是他们增长能力的一个重要途径。

四级：多得上课。有三个要求：一是培养概括能力。一个人面对纷乱繁杂的事物，能用几句话概括其本质，是他有能力的重要标志，是有作为的人的必备素质。概括能力是怎样得来的呢？教师上课不得不说许多话，孩子必须从教师的众多的话语中琢磨出主要意思，这就是获得概括能力的一个重要方面。父母若能配合老师指导孩子有意识地去这样努力，孩子的概括能力会有更大的提高；二是让孩子充分发挥个性特长上课。善于逻辑思维就多推理，善于形象思维就多想象。发挥特长上课，既愉快又容易取得成绩，是取得成功的重要因素，何乐而不为；三是努力扩大课堂收获。帮助孩子用心去扩大课堂收获，比如老师的哪个字写得好，哪句话讲得漂亮，哪个姿态优美高雅等，都应该留心学习。

五级：专论上课。它也有三个要求，一是孩子对知识有"超前兴趣"。有自学的能力和方法，有独到的见解，并能用较精确的语言表达出来。优秀的教师总是鼓励孩子们先学，学过了再去上课就会发现，最基础、最扎实、最系统、对他们帮助最大的还是课堂。实践证明，达到自学程度的孩子，上课更专心，也更虚心；二是能形成知识专题或结合社会实践的专题，进行主动探索式的学习，从而促使孩子走向高水平的研究性的学习；三是讨论时要善于交流，热爱集体，能很好地进行现代化"合作式学习"。这样做，孩子的上课要求具体了，状态水平明确了，对自身的学习会更有好处。

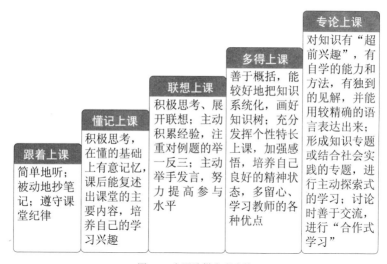

图6-1　上课阶梯参考表格

预习的阶梯(见图6-2)

预习是指一个孩子超前接触新知识、独立地去阅读和思维。若能长期坚持预习实践，预习的水平会逐渐提高。实质上，就是长期坚持自学。这样，自学能力必然会得到提高，并学会学习，意义重大。

一级：简要预习。有两个要求，一是通过阅读课本，知道将要学习的知识内容；二是及时补习一下需要用的旧知识及薄弱环节。课前，用较短的时间做到这样预习，也就做到心中有底，心中有数，有利于上课主动学习。

二级：重点预习。有两个要求：一是初步理解要学的重点、难点。要理解它首先就要找到它，能找到重点、难点，这本身就是自学能力提高的过程。可用红蓝铅笔轻轻画线，或在重要字词下面点上点，轻些画的原因是便于学习和复习时更改；二是初步理解要学内容的基本思路。如果能这样长期坚持预习，并与课上老师强调的内容相比较，会很快提高自己的预习水平。

三级：问题预习。有两个要求：一是提出问题，并把问题联系起来系统化；二是对重点问题有自己的初步探索。在学习过程中，发现问题比解决问题更重要。只有善于提出问题的人，才会真正地学习。奥妙无穷的世界只向那些敢于发问、勤于思考的人敞开大门。善于提问、善于把问题系列化是善于学习的重要表现。

四级：解析预习。有三个要求：一是培养分析和概括能力。人普遍存在的毛病是停留在事物的表面上。孩子的学习过程，就是学会"抠"书的过程，能自己"抠"进去，是很可贵的；二是培养解决问题的能力。起码应学会运用工具书和参考书，课本上简单习题自己应能解决；三是一定要有自己的理解和思路。可以把自己的看法和体会，用简练的文字在书上做些批注。这是一种重要的学习方法，非常有意义。

五级：探究预习。它也有三个要求：一是能形成学习专题。例如学习三角函数公式时，形成"三角函数公式关系表""三角函数运用经验集锦"等，使学习具有研究性；二是对专题有自己的体会和理解(新见解、新思路、新发展)，培养创造精神和能力；三是善于和教师、同学讨论，善于合作学习。

显然，预习的各级水平是既有区别又有联系的。高一些的水平是在低一些水平的基础上提高形成的。

简要预习	重点预习	问题预习	解析预习	探究预习
提前阅读课本；及时补习要用的旧知识及薄弱环节	初步理解要学的重点、难点；初步理解要学内容的基本思路，利用工具书自行扫除学习困难	提出问题，并把问题联系起来，系统化，形成自己的经验体系；对重点问题有自己的初步探索，同时写出学习提纲	培养分析和概括能力；学会运用工具书和参考书解决问题；用简练的文字在书上分重点、次重点做好批注，形成自己的批注风格	能形成学习专题，使学习具有研究性；对专题有自己的体会和理解，具有新见解、新思路、新发展，培养创造精神和能力；善于和老师、同学讨论、合作，在课前进行专题研究

图6-2　预习阶梯参考表格

复习的阶梯(见图6-3)

预习时，是孩子初步接触新知识，不可能全部深入理解，上课是教师主导下的活动，也不可能完全按自己的水平、自己的意愿去进行，必然会出现有的理解浅一些，有的甚至不理解，这样，完整的、深入的理解任务，就落在复习上了。

一级：巩固复习。巩固所学的知识是复习的基本任务，具体要求是"尝试回忆",用孩子的话叫先"过一下电影",就是开始复习时,先不看书和笔记本,而是把课上学习的基本内容有顺序地、扼要地回想一遍。

二级:重点复习。它有两个要求:第一个要求是要狠抓基础。我国基础教育多年来一个重要成功就是强调打好"双基",即打好基本知识、基本技能的基础教学;第二个要求是善于请教,养成好问的良好习惯。

三级:系统复习。系统复习是单元系统复习、阶段系统复习、考前系统复习的简称。它有两个要求:第一个要求是要找出知识之间的内在联系,从整体和系统上掌握知识,培养概括能力;第二个要求是熟记知识系统。无论是批注、提要还是图表,既然是自己动了脑筋找到的知识联系,那就一定要记熟。要求孩子把全章节的知识系统全背下来,背熟,并能自然地表述出来,青少年正处于记忆力发展的最佳时期,这样复述很容易,这不仅是牢固地掌握基础知识和系统,为应用做好充分准备,更是让孩子学会学习。

四级:经验复习。每个人都应该有每干完一件事就要总结经验的意识,学习更是如此。经验复习有两个要求:一是深入、系统地学习。复习后,在内容、程序、书写等方面,自己有什么好经验要总结出来,发扬下去,经验系统化就是能力;二是培养解决问题的能力。要适当地选一些题目试试,简单的题目,自己能不能一看题就明了考的是什么基础知识。综合性的习题,自己能不能明确解题的思路,这样做可检查自己学习、复习的效果,也可提高对知识完整化和系统化的认识过程,培养综合运用知识解决问题的能力,积累应用经验。

五级：探究复习。它也有两个要求：一是进一步形成专题，搞专辑或专题学习，这是一种集中、透彻的学习，是一种突破一般标准达到高水平的学习；二是善于讨论问题，善于合作学习。在前面预习和上课中都谈到此项要求，搞好复习，特别是专题研究的复习，更需要合作学习，合作研究。

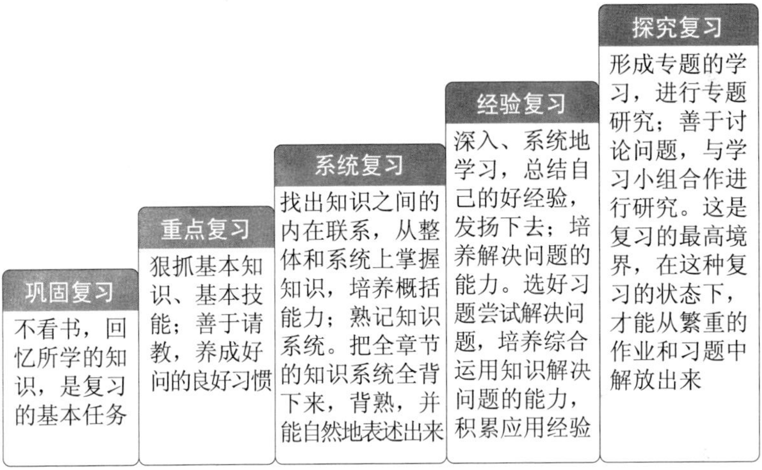

图6-3 复习阶梯参考表格

作业的阶梯(见图6-4)

孩子学习知识后，必须对其进行检查和应用。作业是知识检查和应用的重要形式之一，因此，做作业是完整掌握知识的必要环节和重要手段。有的孩子做作业是为了应付老师和父母，为了交差，为了得到表扬，因此出现赶作业、抄作业的现象。因此，教育者必须加强孩子对做作业意义的认识。

一级：认真完成作业。有两个要求：第一是先做复习、独立思考，就是一定要先复习，后做作业；第二是注意审题，认真解答，书写工整，按时完成。

二级：提高效率作业。它有两个要求：第一个是准备充分，充满信心。为了提高效率，要准备充分地做作业。首先是知识上的准备，不但要对基础知识进行复习，还应该有经验和能力上的复习，明确这次作业应该发扬和改正的内容。其次是环境准备，自己学习的桌面要收拾干净、整齐。不常用的资料不要摆在桌面上，正在用的学习资料及作业本等也要按一定的顺序摆放好，常用的文具要放在固定并容易取的地方。这样做能提高作业的效率，还能养成井井有条的习惯，对将来的工作也很有好处。然后是时间上的准备，安排一个不被干扰、不间断的时间来做作业最好。这一点，父母亲应给予充分考虑；第二个是要像考试一样去做作业。现在很多的孩子做作业不科学，不懂得做作业前应先做好复习、掀开作业本应一气呵成，再做检查，而是边看书边做作业，效率很低。有的孩子还有磨蹭的毛病，在学校写作业效率比较高，自己在家做作业时，就磨磨蹭蹭，耽搁时间。

三级：自我评审作业。实践证明，这个做法对孩子提高成绩很有效。它有两个要求：第一个是对作业进行自我检查，及时更正。做完作业后，自己及时进行检查，既保证了作业的质量，又可以形成自我教育的意识和习惯；第二个是自我评审作业，自我评审作业的做法很简单，就是要求孩子做完作业后，在题目前面，用红蓝铅笔的红笔画个标记，当然要征求老师同意才好。比如，有的题目非常简单(老师不愿意留，孩子不愿意做)，孩子认为自己一定能做对，就画上一个"丨"。若题目是动点脑筋做出来的，有点意思就画个"√"。难点的题目就画个三角"△"，感到很难又很有收获，就画个醒目的大三角或多个三角，只有碰到这样的作业，才会尝到甜头。告诉孩子做作业一定要吃几个"糖三角"。有的作业是很有代表性的典型题(或是个小规律的题)，就画个"☆"，特别好的就画大五星，代表收获特别大。再难的，有点"超纲"的就画个"*"。单元复习时，要把上述标记整理一下，改动一下，肯定下来。孩子学习的一个重要问题，就是对学习的本身自我意识问题，学习理论中称为"元认知"问题。自我评审作业有利于培养孩子元认知学习。

四级：经验作业。它有两个要求：第一个是重视教师对作业的批改，及时更正，做好小结。孩子对作业的思路和表述，一般都带有明显的个性特征。因此，教师的批改就具有个别性和针对性；第二个是学会自己总结作业经验。就是要在题目后面写明画三角、画五星的原因。比如，如果是老师说这道题好，可以在题目的右方画上一条竖线。题目很好，可以画上三条或五条竖线，并写上自己的经验和教训。如果是自己找到的好题，可以在旁边画上插入线"∠"，并写出自己的经验和教训。这样做，可以记录自己学习时的思想，还可以形成一份重要的作业学习资料，提高作业水平。

一些学习很用功的孩子，成绩不理想，其中原因之一，就是只在题海中苦苦煎熬，而忽视甚至无视这种精细推敲、比较归类的学习方法。

总结经验，若从开始就这样努力，以后总复习就好办了。一、二级题自己看看即可，重点抓三角题和五星题。可以和同学讨论，也可以请教老师，把好题学得更精、更透，一定会有更大收益。

五级：发展作业。有两个要求：第一个是学到知识和规律后能自己估计有什么应用，这才是高水平的学习；第二个是能结合实践发现问题，形成专题，注重专题研究的过程、方法和成果。五级作业水平不是高不可攀的，很多孩子试做发展作业，很有收获。

发展作业
学到知识和规律后能马上联想到生活中有什么应用；结合实践和实际生活发现问题，以问题为中心，形成专题，注重专题研究的过程、方法和成果

经验作业
重视教师的批改，及时更正，做好小结。学会自己总结作业经验，写出自己的经验和教训，形成一份重要的作业学习资料

评审作业
对作业进行自我检查，及时更正；自我评审作业，做完作业后，在题目前面按照题目难度用红蓝铅笔的红笔做标记

效率作业
准备充分，充满信心；像考试一样去做作业，克服磨蹭，严格要求自己，注意效率

认真作业
先做复习，后做作业；注意审题，认真解答，书写工整，按时完成

图6-4　作业阶梯参考表格

以上结合程鸿勋教授在《生命发展阶梯》一书中提出的思路，详细介绍了决定孩子学习成绩的四个环节的阶梯水平参考标准(这个标准只是一个参考标准，不能作为所有孩子的绝对标准)，希望能把这个阶梯交给孩子，引导孩子画一个适合自己的阶梯表格，把自己对自己的要求填入表格，从而实现自我升级、自我评价、自找办法的自我教育之中。这样做的目的，是给每一个孩子适合自己水平的

参考评价体系。教育重在评价，替代单一的分数评价体系的唯一可能就是把阶梯当评价工具，在人的学习状态方面进行自我评价，从根本入手，从而提高学习成绩。

当然，再好的成功方法和学习指导方法，如果没有持之以恒的精神作为保证，都是没有意义的。并且，不仅需要孩子持之以恒，更加重要的是教师和家长需要持之以恒，可以肯定的是，只要父母有耐心和毅力，那么就一定可以帮助孩子迈向成功。

六、鼓励孩子用自己的风格学习

每个孩子都应当创造适合自己的学习风格，这也是个性化教育的进一步延伸。

经过概括、提炼，中国学生一般有如下几种优秀的学习风格，建议教育者引导孩子按照以下描述的要点进行选择，确认自己的学习风格，并在此基础上创造适合自己的有效学习方法。

反省型

反省是人获得智慧的基本途径。人在学习的过程中，必然有从掌握不够准确，到掌握准确，再到掌握熟练的过程，越是生疏的时候，就越容易犯错误。有的孩子在知识学习上，主要是通过整理错题档案进行错题登记、错误改正、错误分析和复习，总结经验教训，掌握知识，不断发展，这种学习风格称为"反省型学习风格"。

浙江省高考文科状元李红军就是这个类型的学习风格，他这样描述自己的学习：首先，要建立错误登记本。其次态度必须认真，对平时练习、考试中出现的错误、失误、漏洞进行订正，及时登记。对有把握不会重犯的错误，可以不用记。最好把错误进行归类。大致分为两类：知识遗忘类和理解错误类。对前一种类型要侧重于多翻、多记，对后一种类型则侧重于思考。山东省高考理科状元陈恕胜也认为错题本必不可少。他说："每次小测验结束之后，我都要把全部错题搬到错题本上。也许有人会说，这样太浪费时间了，但它却可以让自己找出错在哪里，为什么出错，怎样才能避免出错。"

形成反省型的学习风格，学会用整理错题的方式学习知识，指导孩子必须明确以下三点：

(1) 准备好专用的本子，按照时间和学科进行编号，比如"初中二年级上学期代数错题集"。

(2) 整理错题的时候，先把题目抄下来，然后将错误的原因简洁地用红笔写上，最后把正确的答案和步骤清楚地写在下面。

(3) 利用错集的方法是，一周一小结，一月一大结，学期末的时候再做一次总结。

每周小结的具体方法：首先将每天记录下来的错题浏览一遍，先一边看题目，一边在脑海里快速地想出解法，想出来了就往下看；实在想不出的，看看自己写的错误提示；如果还想不出，就要看看下面的解法，并且再练习一遍，必要的再补充解题提示。浏览后，对于"以后保证不会出错"的题目前打个红色的"×"，在"不太确定以后还会不会不出错"的题目前打个"？"，在"对错误还没有完全搞清楚"的题目前打一个"！"。

每月总结的具体方法：首先把每周总结出来的"？"级题目彻底"消灭"，自己实在搞不懂，可以去问同学或者老师，对"！"级的题目再行抄录下来，如果一点新发现都没有，就把它升级为

"☆"级。如果觉得可以"消灭"了，就把它降为"？"级，下一个月总结时，争取把它"消灭"。

学期总结的具体方法：通常在期末考试前15天完成。首先把每月总结中的"☆"级题目整理出来，坚决予以"消灭"，然后再把周小结和月结中"？"级和"！"级的题目找出来，都要从头思考一遍，想想当时自己是如何"消灭"它的，从中找出大约15%～20%的好题用笔再做一遍，最后把一学期总结的成果抄录到另一个"错题精华本"上，每学期一个"精华本"，内部按学科进行分类。

自学型

自学型学习风格的孩子，能够开阔思路，不拘泥于课堂教学的一招一式，用自己的感觉、兴趣、心得和体会，指导自己的学习方向，独立自主地进行学习，从而获得良好的学习效果。

最典型的自学型学习风格，表现为对身边环境的探索和自学，从日常生活和身边的事物中发现有趣的事情、发现问题，并去探索这些事情背后的道理和真谛，在探索的过程中学习知识，形成能力，有成就的科学家们小时候多数都有这个特点。

在学校学习中的自学型学习风格表现多种多样。有的孩子喜欢通过自己看课本、做习题、看课外书来学习和掌握知识。他们往往不喜欢拘泥于课本的知识范围，特别是对自己喜欢的学科，而喜欢"超纲""超前"学习。也有的孩子喜欢跟着进度走，上课的时候并不特别专心听课，但对老师的课堂提问比较感兴趣，通过一边上课一边看教材，能够迅速找到问题的答案，并且能很快理解。这些上课并不完全专心的孩子往往反应速度奇快，因为他们经常能领先于老师的讲课而提前掌握当堂课的内容精髓。在复习阶段，他们也不像多数孩子那样，完成老师布置的作业了事，而是喜欢做些老师认为学有余力的同学可以做的题，而不管自己是否学有余力，还要四处搜寻有难度的课外题去做，觉得挑战难题是一种乐趣。通过这个做难题的过程和搜寻的过程，他们经常能有效地领先于课堂教学的进度，在课堂学习中对知识理解和掌握得更快，表现得更自信，在测验考试中信心也特别足，而且成绩也特别好。

可以说，自学型的学习风格，表现出了最充分的学习主动性，最大限度发挥了学习的能动作用。这样的孩子，在学业成绩上基本上都很容易成功。懂得自学的人，才是真正会学习的人。任何人的课堂学习都会最终结束，到那个时候恐怕除了自学外，就很难再有什么知识上的收获和突破了，聪明的教育者，都懂得给孩子自学的余地。教育家魏书生在引导孩子自学方面独具特色，他提出的"知、情、行、恒"的指导自学模式对教育者具有重要的参考价值：

(1) 知。提高孩子对培养自学能力的认识，通过案例分析的方法启发孩子获得自学能力的愿望。

(2) 情。使孩子从感情上体验到自学的幸福和欢乐。直接兴趣固然能使人获得这种幸福和欢乐，但间接兴趣，即在理智指导下的行动的成功，同样能使人获得。人的生理欲望能够服从心理欲望，理智的满足产生的幸福感常常比本能的满足所产生的幸福感更为坚实、持久，孩子在感情上充满了劳动者收获自己劳动果实的那种幸福和喜悦。

(3) 行。人的行动主要分两部分：第一是向何处动(学什么)，第二是怎么样动(怎样学)。前者是定向的问题，后者是规则的问题。

(4) 恒。孩子对自己的认识也好，从感情上体验自学的欢乐也好，自学时的定向、规则运动也好，都必须持之以恒。反复加深认识，不断重复，才能由一次次单一的认识、情感、行动，最后形成一种习惯，一种心理品质和个性特征。

以本为本型

有一种孩子的学习风格是紧紧地以课本为中心，不依赖其他学习资料进行学习。但他们并不是机械地记忆课本上的知识和内容，而是要在真正理解的基础上，把自己的情感参与到课本中去，把课本里的基本知识、基本技巧和典型例题习题运用得像支配自己的手一样自如，甚至可以为别人编写教辅参考资料。

著名数学家华罗庚提倡读书要"由薄到厚，由厚到薄"，据此，可以把利用课本的过程分为三个阶段：

(1) 把书读"薄"。开始学习的时候，先把课本概读一遍，掌握内容的脉络和相互之间的前后联系，这样就能从总体上把握知识的体系，形成知识检索的快速线索，便于运用知识时高效地提取。在学习的不同时期，"概读"的基本要求也有所区别。学期开始时，要浏览全部教材，知道全书由哪些部分组成，每个部分的主题是什么。在学习转入每个部分时，要略读每部分包括几章，每章解决哪些方面的问题。学习每一章时要看它由几节组成，共有多少概念、规律、公式、定理、原理等，它们的用处是什么。学习每个单元的课文时，了解每个单元由几篇课文组成等。概读时还要注意充分利用书的目录，目录体现了书本的基本内容和体系脉络。还要注意章节的导引段落、总结段落和知识间的黑白语句，它们往往揭示了知识的主要内容及其相互之间的联系。了解了知识的概要，就把书读"薄"了。

(2) 把书读"厚"。这是读书的主阶段，又叫"细读"。读理科类教材时，把课本具体章节的概念、规律、公式、定理、原理的意义和应用，结合例题、代表性习题等详细阅读，边读、边想、边记。对于陌生的题目、记不住的公式、没有理解的内容等要充分思考，尽量多地提问题，并把每个问题都解决。读文科类教材的时候，一边读书，一边想课文的性质、写法特点，把握课文的结构、可以分成几个部分、每个部分的中心意思，课文引用了哪些名言警句、点睛之笔等。对于读不懂的段落要反复读，反复想，直到读懂为止。在做好前面这些工作的基础上，还要注意新内容与以前学习内容的联系贯通，充分联想、甚至要跨学科联想，把不同部分知识、不同内容的共同点找出来，使之构成统一的联系，使知识更清晰、理解得更深刻。这样，就把书本上有的知识和书本上没有的联系都读进了书里，书就读"厚"了。

(3) 再把书读"薄"。这个阶段叫"复读"，它在学习中的作用很重要。首先起到巩固记忆的作用，复读要求速度相对要快些，对于比较熟悉的内容像放电影一样一扫而过，而对于比较生疏和理解起来比较困难的地方才细加咀嚼。其次起到理清脉络的作用，与概读环节里了解脉络不同，这个环节是把脉络更加细化、知识间的关系更重逻辑性、更有条理，联系更有机。对脉络的掌握要熟练到可以从最概括的层次，迅速推到最具体的环节，包括知识点涉及的典型习题都要能联系起来；也可以从最具体的环节，从一道典型的习题联系到相关的习题、相应的原理、概念等，既有从上而下的脉络推演，也有自下而上的脉络总结。再次，领悟"基本"。"基本"是系统知识的根据和出发点，是理解和运用知识过程中大量重复运用的东西，是知识结构的核心内容。领悟基本就是发现基本内容并理解基本内容和一般内容之间的关系。不过要注意，"基本"不是别人告诉你就能理解的，而是经过孩子大脑的深思熟虑后对知识本质的一种领悟。"知道"和"领悟"根本上是不同的，"领悟"意味着理解了知识的本质，这是具备了对所学知识的一种掌握境界。经过反复阅读后，孩子掌握了书本知识的结构，领悟了知识的基本，熟练运用知识的技能，就会觉得书的内容很少，书本变得越来越"薄"。

提问型

有一部分孩子采用提问型学习风格，就是通过找出问题，思考问题，解决问题，来达到学习的目的，很有特色。

一切知识，原来都是人们在不断地解决生产生活中遇到的问题，它们在被解答出来以前，对人类来说都是问题。所以追根溯源，在学习中如果能够把所有的知识再还原成问题的形式，就会发现，只要能够回答了那些问题，实际上也就掌握了知识。在遇到新问题的时候，就能够从新问题与自己掌握的问题之间的联系出发，去解决它们。这样，学到的知识就不再只是没有生气的知识，而是活的、有实在意义的知识。科学家所做的科学研究也是在不断地提问中前进的，科学研究的基本步骤就是：发现问题，将问题表达为课题，然后进行假设，通过实验论证，最后对假设进行检验。如果研究的实验结果与假设一致，那么就可以做结论，如果不一致，还要重新假设，重新检查整个过程或其中的部分环节。从这个角度来说，学会了运用提问的方法学习，也就开始掌握了科学研究的方法。

提问，包括通过对现象进行观察提出新问题、通过对别人的研究成果和比较公认的结论提出质疑。在课本知识的学习上，形成"提问型"的学习风格的孩子会每日提问自己，也和同学互问。提问一般从以下几个方面做起：

首先，明确每天每科的学习重点。上完一天的课后，做每门作业前，问自己的第一个问题就是：今天这门课学习的重点是什么？然后在脑子里迅速地进行回忆，不要轻易地去翻课本，不急于看笔记，而是在脑子里勾勒出来一幅轮廓，列出提纲。实在想不起来的，才去看课本，看完再在脑子里整理一遍轮廓，直到自己非常清楚为止。

其次，有了提纲还要有详细的内容。例如当天上课老师讲过的例题，课上做的习题等，这些都是反映学习内容的运用的，它们的重要性不亚于知识本身。没有这些题目的支撑，知识本身就是死的、没有用的，只有与这些题目结合起来，知识才是活的、可以用来解决问题的。这些题目往往又是非常典型的，很多以后要做的题目都有可能是对它们进行改头换面，或者组合拼接。所以，把所学的例题和所做的习题再在脑子里过一遍非常重要。

再次，做完作业后回顾提问。提问一下自己今天做作业时遇到了什么难题，用的是什么知识解决的，与哪个例题有类似点等。然后把这类问题用专门的本子记下来，或者用红笔记在课堂笔记后面。这就代表了你自己学习上的难点和重点。对于那些轻而易举就做出来的题目，就可以先不用管了。

单元复习提问与每日提问的方式基本相同，只是做作业的环节变成了复习作业，把整个单元的作业温习一遍。简单的题目不必动手再做，前面标记出来的有困难的题目，要重点对待，有必要的可以再做一遍，与以前做过的其他题目进行联系和比较，看看有没有新的收获，把自己的收获汇总成单元小结。

除了常规提问外，还要大胆进行联系，常常把知识与生活中的现象联系起来、把不同学科之间的知识联系起来。这种联系能够不知不觉起到复习提醒的作用，使知识的掌握不断更新、更加牢固，还能够锻炼思维，提高知识的运用能力和水平。

此外，还可与同学相互提问。有时候，觉得自问自答枯燥，也可以与有相同爱好的同学交换提问。这样能够使提问的过程既有交流，也有刺激，更有意思，效果更好。

合作型

有一种孩子的学习风格是合作型的，就是通过与同学之间一起学习、相互帮助，来相互促进、共同提高，达到良好的学习效果。

学习的过程中既需要独立思考，也需要相互启发、相互促进。

思想的交流，不同于物体的交换，人们进行物物交换的结果，必然是有所得必有所失。例如你拿一个苹果去换别人的一个梨子，结果你得了梨子却失了苹果。但是思想交流却不同，把你的想法说出来，别人听到了、理解了、接受了，那么别人也就拥有了你的想法，而你的想法还在你的头脑里。反过来，你听到、理解、接受了别人的想法，也可以增加你的见识，而别人的见识依然还在。所以，在学习中相互交流心得体会，是一种合作，而合作是现代文明人的基本素质之一。

指导孩子形成合作型学习风格，需要与孩子沟通，注意如下几个方面：首先，让孩子学会审视自己。看自己是否经常听别人的意见和想法，是否因为帮助别人而感到有成就感，是否喜欢和别人讨论问题，是否愿意把自己的独特想法说出来与别人分享，是否对不如自己成绩好的同学不耐烦或者觉得他们笨，是否习惯于把比自己成绩好的同学当作"对手"，能否马上赞美别人甚至成绩不如自己的同学比自己想出更高明的主意等。其次，让孩子能够修炼自己。人们之间相互合作不了，是因为对别人太苛刻，只有学会欣赏别人的优势和长处，才能与人相处得亲密，合作得友好。再次，寻找喜欢合作学习的同学，一起努力。经常的学习伙伴相互之间尽量各有所长，人数不用太多，四五个人就差不多，甚至两个人就能组成一个优秀的合作学习团队。

除了以上列举的五种学习风格，其实还有竞技型学习风格、题海型学习风格、举一反三型学习风格等，每个孩子都可以创造出适合自己的学习风格，有特色的学习才是个性化的学习。

第七章
教育的最低纲领——培养能力

一、知识并非力量

知识是指人类在实践中认识客观世界(包括人类自身)的成果，知识意味着规律，即对事物的一般认识，尊重知识就是尊重人类自身的历史。

记得我上大学的时候，在地坛的旧书市场上，花了一元五角买到了金岳霖先生的《知识论》(精装本)，当时就哑然一笑，原来知识只值一元五角啊。可是这本书却让我很震撼，其中每一句话都意味深长，充满着哲理，也正是这本书让我对知识产生了敬畏及怀疑之心。

知识的发生有两个原则：一是求实，实事求是，善于从实践中总结，就是精确及注重知识发生的条件；二是更新，人的认识是一个过程，必须不断更新，不断得到更新的知识才是真知识。

但仅有知识是不够的，培根的"知识就是力量"虽然影响巨大，可我不这样认为，我甚至认为这句貌似"真理"的名言误导了很多人。

新的知识经济时代背景下，人们不可能总是掌握最新的知识——因为人的认知不可能跟得上知识的爆炸更新速度，特别是互联网搜索引擎系统的产生，使知识本身的作用变得越来越有限。很多时候，知识没有来得及转化为生产力，就被更新的知识取代了。

对人的命运发生作用的，除了知识，还有人格和能力，三者协同发展才能促进人的发展。在这三者中，知识是次要的，而人格和能力起主要作用，这是新时期对教育目标的新认识，当前探索教育改革道路，务必有这样一个清晰的认识。

知识就是力量，这句口号听起来多么具有号召力！可在我们的生活中，却有很多学富五车的人，没有任何力量，只能戴着高度的近视镜跌跌撞撞……把拥有知识本身当作一种资本，容易把问题想得复杂，反而失去了创造力。

教育当然要传授知识，但是知识只是老师与孩子交往的一种介质，而不是目的。这种知识的介质，就如一个情人手捧一束玫瑰亲手交给自己心爱的人一样，如果离开了送玫瑰的人与被送的对象，那么，这束玫瑰本身是没有什么意义的。

真正的读书人总是首先把自己当作最好的朋友，而不是故步自封，也不是自以为是，这样，

> 💡 把拥有知识本身当作一种资本，容易把问题想得复杂，反而失去了创造力。

不断与自己谈话，就可以把知识变成生产力。知识正是在人类的不断自我觉醒中变成力量的，这就要求我们的主体具备三个条件：

一是所有的知识都是有内在联系的，我们将知识联系起来，组成一个结构性的知识树。

二是把知识进行加工，然后应用到适应自然、改造自然的实践活动中去，从错误中不断检验，不断修正。

三是经过一个把感性知识升华成理性知识，最后通过觉悟变成悟性认识的过程。只有悟出来的、活化的东西才是真正有力量的。

另外，知识的利用模块一般是这样的：是什么，为什么，怎么办。这和人的认识规律是一致的。

二、潜意识及其隐含的能量

我们知道，教育的人性尺度，就是使每个人潜在的、与生俱来的能力得到生长，而能力的背后就是潜在的能量，简称"潜能"。能力是我们能感知的"冰山"，能量则是"冰山"下面被隐藏的未知价值。

老子说："含德之厚者，比于赤子。蜂虿虺蛇弗螫，攫鸟猛兽弗搏；骨弱筋柔而握固，未知牝牡之会而朘怒，精之至也。"我的理解是，人出生之时，已经带着延续远古至今的某种人类特质，这正是一切教育的逻辑起点。这种特质或许可以理解为我们经常讲到的潜意识及其蕴涵的潜能。

开发潜能是培养能力不可缺少的一个环节。很多教育学者不敢在公开场合下提出这个问题，因为探讨潜意识很容易触犯某一种学术规矩，但我觉得，应当对这个问题做出详细阐释，否则对于人思维上的把握容易陷进形而上的误区。

潜意识又叫做"无意识"，是指人意识不到的意识，是没有意识参与的一种意识，故称为潜意识。对于潜意识，人们既不能觉察又不能意识到，但人们通过对以下现象的阐释来证明它的存在：

(1) 在日常生活中存在。日常生活中人们常会出现"下意识"的言行，特别是在突然的、意外的、危险的状况发生时。人出现"下意识"的言行时，会暴露出意识的真实动机。因此，"下意识"的言行最能体现一个人的人格。另外，当人处于恐惧时，出现一些心理症状，也多是以潜意识为基础的心理活动结果。

(2) 人在催眠状态下出现潜意识。人在催眠状态下能回想起早已遗忘的儿童时期的情景，在催眠师指导下做各种事情，醒后却全然不知被催眠时所做的一切。

(3) 人处于创造性的灵感和直觉状态时，心理活动最能说明潜意识的存在和作用。正如著名科学家钱学森所说的："意识可以直接控制，但潜意识却控制不了，也没法控制，但它确实在工作，就是不知道它是怎么工作的，它的工作状态怎样，有时苦思冥想，不得其旨，找不到出路，然而，不知怎么回事，它却突然来了，这就叫灵感。"

(4) 愈来愈多的人认为做梦是潜意识的一个有力证据。

(5) 根据潜意识假设而建立起来的精神分析技术治疗精神病患者有效，间接说明了潜意识真实的存在。

我们常说的人的意识是人能清醒觉察到的、能随意想到的心理活动，它具有逻辑性、时空性和现实性等特点。为了与潜意识区别开，人们又常把这种意识称为"显意识"。意识是具有能量的，而潜意识也是具有能量的。相对于显意识而言，潜意识的能量是我们无法用数字来衡量的。

教育家魏书生经常提及这样一个故事：

两个人都到医院看病，一位有很重的肺病，医生给他照了X光；另一位没病，但老怀疑自己有病，非得让医生也照一下X光，医生拗不过他，只好给他也照了。没想到片子洗出来之后，两个人的胸透相片往病历档案里装时弄反了。到看片子的时候，有病的人一看，自己的病已经好了，顿感轻松、愉快，觉得自己是个健康的人，高高兴兴地生活，过了一年，到医院复查，真的一点病都没有了。那位怀疑自己有病的人，本来就疑神疑鬼，再看自己肺部的病灶片子，情绪更加低落、沮丧，心理压力极大，惶惶不可终日，这样每天提心吊胆地过日子，没到一年时间，真的因病去世了。

从这个故事中可以发现，当意识通过下意识告诉病人自己没病时，潜意识便调动体内的潜能向病灶进攻，以使自己真的没病，潜意识的力量很大，果然战胜了病魔，病人逐渐康复。相反，当意识通过下意识告诉潜意识自己正犯病，且非常严重时，潜意识便组织身体各部分器官撤退，把病灶引入体内，最终使健康的人变成真正的病人。

对于大脑的潜能开发也一样，如果能不断输入积极的意识，让意识通过下意识对大脑提出要求，潜意识就会调动体内的潜能发挥作用。其实我们都有这样的经验，比如我们在镜子前对自己笑一笑，心情马上就会变得轻松愉快。再比如，有一道题苦思冥想都没有做出来，在睡前将有关的条件、信息输入大脑，第二天早上起来，答案就出来了。

事实上，潜能是可以开发利用的。一个很简单的例子，男子铅球世界纪录在100年内翻了番，1886年是10.02米，1986年为22.04米。体育运动纪录的不断刷新，除了与人的身体素质的自然发展有一定关系以外，很大程度上与体育训练的改进和人的运动潜能得以开发相关联。

心理学家弗洛姆曾说可以用考察一粒种子成长的方法来考察一个人。他说，一粒种子看起来是那么微小，甚至得用显微镜才能看清，但就是这样的种子内存在着巨大的生长潜力。如果你把一粒花种抛到露天的地里，用尘土将它覆盖，过些时候，它会开出一朵花来。可是，假如你仔细观察就会发现，它只有一朵暗淡的小花，还有细小刚发育出来的叶子，也许上面还有昆虫在蛀食它。但是如果你拿到同类的另一粒种子，将它种植在深度刚好适宜的土壤里，给它以适量的水分、阳光和营养，你就会如期看到一株美丽的植物，叶子葱绿苍翠，花朵色彩娇艳，可以说，发展已接近它全部的潜能。

中国农业大学的专家培植了一棵西红柿，也证实了弗洛姆的结论，这粒普通的西红柿种子经专家使用"水植法"培植起来后。竟然像乔木一样高达4米、树冠面积达到12平方米，结出了15 000个西红柿。

我们的孩子就像发育不是很充分的植物，他们的潜能远远没有得到开发。人与人的区别不是智商，也不是学历，更不是社会地位，而在于是否有效地开发自己的潜能。**对于孩子来说，所谓竞争优势，就是潜能得到比较有效的开发而已。**

三、"体验教育"的神奇魅力

中国孩子在"知"与"行"上的脱节是有目共睹的。举个简单的例子，孩子在学校里非常热爱劳动，经常受到老师的表扬，还被同学们亲切地称为辛勤"小蜜蜂"，但一到了家里，却成了好吃懒做需要人伺候的"小皇帝"。孩子的行为出现了这样的"剪刀差"。

作为中国校外教育的一个重要创造，"体验教育"不仅实现了"感悟"对人成长的重大作用，而且实现了"知"与"行"的结合。**每一个孩子在体验中不断地感知、感悟、积累的过程，这是任何教育都无法代替的。**相对于其他教育形式，体验教育更加符合儿童个性发展的需要，体验教育以活动性、游戏性、教育的无痕性、可操作性更易引发孩子参与的热情。

体验的过程，孩子一直是自己情感的主人、学习的主人、活动的主人，他们主动参与到动手动脑、思想和身体的锻炼过程中去，其主动性得到充分发展。

我们来看一位妈妈的叙述：

像许多母亲一样，儿子出生前，我翻阅了大量的家庭教育书籍，尤其是早期教育和超常教育方面的。谁不梦想自己的孩子出类拔萃，谁不渴望自己的孩子早日成材呢？然而我的儿子从出生到1岁半，各方面的发展和表现都很平常，没什么令我们惊叹的地方，最让我和丈夫有失颜面的是儿子说话和走路都比周围的孩子要晚。丈夫开玩笑说："笨鸟先飞嘛，别人的孩子是笨鸟，而后飞的是聪明鸟。"玩笑归玩笑，我还是在轻度焦虑中等待着儿子的成长，盼望他某种技能发展的"关键期"和"敏感期"早日出现，并努力促成这种"黄金时期"的早日到来。终于有一天，我发现了新大陆。

儿子1岁7个月的时候，我在商场里给他买了一套数字模型，一开始教他认数字，他心不在焉、毫无兴趣，我还是坚持不断地给他指认这些数字。八九天后，我让他再指认的时候，他竟然能指出(还不会说)1、2、3、4这几个数字。看来儿子虽然不动声色，其实心里在默默地学习和辨别，还挺深沉的！接着我在他面前不断刺激5、6、7这三个数字，没几天他就能指认了。我对自己的大胆尝试和教法很高兴。看来只要启蒙得当，儿子自有他的理解方式和接受方式。仅仅1个月，10个数字包括0，儿子都能辨认。虽然儿子说不出来，可是他心里明白着呢，一到外面，他就主动"复习"，并且大显风采。我抱他走在家属院里，他见到墙上大大的楼号或者有数字的标牌，他就"啊啊"地让我给他指认，如果我不给他说，他就不让走。我最理解儿子"哑巴吃黄连——有嘴说不出"的苦衷，当我念出这些数字之后，他马上就安静了。他如饥似渴的求知欲望让周围的人刮目相看，我和丈夫终于有点扬眉吐气的感觉了。

那一段时间，他对数字产生的热恋，竟到了如痴如醉的地步。有一天凌晨，他在熟睡之中翻了一个身，嘴里迷迷糊糊发出像是

"1"和"8"的音，还"咯咯咯"地笑了几声，我和丈夫会意地笑了笑。我可以猜出儿子的梦境：他正确地指认了几个数字，得到我或周围人的赞扬，自己很得意，连做梦还在回味那令人心动的一刻。一个不足两岁的幼儿就有了崇尚学识的上进心，这是多么难得呀！

体验教育就像是一剂"灵丹妙药"，充分调动了孩子的积极性，教育者有必要借机导引，或顺势将体验进行提高、升华，把教育的眼光指向孩子的未来。

四、只有悟到的才是自己的

人的悟性是怎样获得的，又是如何传达给别人，我们有了大概的认识，但这还不够，如果要更加深入地掌握"悟"字的深远内涵，还需要结合脑科学的原理，进行消化、活化。

有时候，我们有必要重新认识一些汉字，汉字是中国文化的根，也是智慧的逻辑起点，比如"悟"字，竖心旁，应当是"用心"的意思，右边是"吾"，就是"自我"，加在一起，就是自悟顿悟，心学慧学。

人为什么要"悟"呢？是因为，人永远都是"迷"的，"迷者的悟"是也。

> 最为经典的引导觉悟、对人施加有效影响的最佳途径，莫过于"启发"了。

最为经典的引导觉悟、对人施加有效影响的最佳途径，莫过于"启发"了。大家也许并不了解的是，启发是中国本土化教育的第一品牌，也是对世界教育的一个独特贡献，客观上说，是值得申请非物质文化遗产保护的思想资源。

而启发的觉悟必须分阶段，因为人的觉悟是分阶段的。因此，孩子在学习的过程中，一定要遵循循序渐进、由浅入深的引导原则。一次性塞给孩子过多的东西，只会让孩子失去学习的兴趣。正确的方法应该是让孩子从简单处学起，放慢速度，让孩子学懂、学会，看到成绩，尝到甜头。

我认为，康德及黑格尔所提出的认识模式："感性——悟性——理性"，已经显示出了操作的消极性。在实现人的悟性的过程，其更加有效的模式是"感性——理性——悟性"，这与佛教的觉悟模式"戒——定——慧"，几乎异曲同工。

感性是指感觉上的认知，理性是逻辑上的抽象与总结，只有在理性层面上，才能进行悟化，亦即形成"跳"出来之后的新认识，是跃迁式的。

悟性认识包含了人们从理性认识中提取出来的模式，是学透了能灵活应用活化了的知识，是完全属于自己个性所有的知识，更是人们在理性认识中亲切感受到的真谛。我们经常可以看到，没有悟性的人，书越读越笨，成了书呆子。悟，就是在理性中寻找感性，在抽象的理性中寻找更高级的感性。悟性，是在理性中所隐含的更高级的感性。

如果说，从感性到理性的过程是"钻进去"，那么从理性到悟性的过程是"跳出来"，这与我们已经认同的"实践——理论——实践"是一致的。从左右脑协同的角度上看，"钻进去"是左脑的逻辑思维，"跳出来"是跳出左脑进入右脑的获得模式上的确认，这就是人的悟性。

人通常是这样认识事物或者知识的，先有感性认识，经过深入挖掘，抽象出共性后形成理性认识，但这是远远不够的，"深入"之后要求"浅出"，再一次变为理性中的感性认识，这就是"悟性认识"。悟，即理性中寻找感性，悟性，就是在理性中潜含的感性，这是最最高级的认识。

这个问题过于抽象，不妨打一个比方，比如我们十年前认识了一个人，这十年来从来没有见过。但偶然在一次聚会上又碰见了，尽管他的体形、身高都有很大的变化，但你还是能一下子就认出来，因为你对他的理解和认识已经形成了"模式特点"，并实现了迁移。那么对于学习来说，怎样才是实现了迁移呢？比如孩子知道了 $4^2=4\times4$，然后当看到鸡^2=？，他立即知道鸡^2=鸡×鸡，这就实现了。

这是我在演讲中反复引用的一个案例。因为，这个案例不仅折射出一个人能力的形成方法，而且还折射出"启发"的基本规律：在"有"与"无"之间，引导孩子学会觉悟，举一而反三，最后融会贯通。

在南北相对的两座大山上，各有一个寺院。每天早上，两个寺院分别派一个小和尚到山下的市场去买菜，两个小和尚年轻气盛、互不服气，在市场上相遇，经常或明或暗地较劲，互试机巧。

一天，南寺院的小和尚问："你到哪里去？"

北寺院的小和尚答道："脚到哪里我就到哪里。"

南寺院的小和尚听了，无言以对，回去告诉师父，师父说："下次你碰见他的时候，就用同样的话问他，如果他还是那样回答，你就说：'你若没有脚，到哪里去？'这样你就能击败他了。"小和尚听了很高兴。

第二天早上，南北寺院的小和尚又在菜市场相遇。

南寺院的小和尚又问道："你到哪里去？"

北寺院的小和尚答道："风到哪里我便去哪里。"

这出乎意料的回答，使南寺院的小和尚完全没有招架之力，一时语塞。回到寺院，师父见小和尚满脸晦气，便问道："难道我教给你的方法不灵吗？"

小和尚便将早上的事如实讲了出来，师父听了哭笑不得，对小和尚说："那你可以反问他'如果没有风，你到哪里去？'"小和尚眼睛一亮，心想："明天一定能取胜！"

第三天早上，南寺院的小和尚又碰见了北寺院的小和尚，问道："你到哪里去？"

"我到市场去。"

南寺院的小和尚又没有话了，因为他不可能说："如果没有市场，你到哪里去？"

师父知道了他们的对话之后，语重心长地叹道："观晚霞悟其无常，观白云悟其卷舒，观山岳悟其灵奇，观河海悟其浩瀚……学贵用心悟，非悟无以入妙。别人的东西永远是别人的，只有悟出的东西才是自己的。"

我认为，南寺院的小和尚并不可笑，人都是这样一步一步觉悟的，在教育中的觉悟是分阶段的，而且必须是分阶段的，教育者要有足够的耐心，**教育的秘诀是"三分教，七分等"。**

为什么我们总是想得到，做不到呢？

人没有"觉悟"时，即使知道了，想到了，还是不能转化为自己的能力，不能转化为有效行动，达到目标。比如，不善于读书的人，书读得越多就越糊涂，知识就成了人的拖累，而会读书的人，可以通过读书开窍。

我们要探讨的就是如何觉悟，也就是一个人如何开发自己的悟性。解决了这个问题，实质上也就解决了能力的自我培养问题：觉悟＝理解＋顿悟。而所谓"理解"，就是可靠的概括，所谓"顿悟"，就是超越的思考。引导觉悟的方法很多，这里介绍一个我们总结的经典模式。

第一阶梯：读万卷书。就是通过阅读大量的书籍，获得足够的信息，并对信息进行区分、分类、整理，读书破万卷，下笔如有神。

第二阶梯：行万里路。通过实践、体验、接触，在阅历的基础上，获得理性的认识与归纳。

第三阶梯：阅人无数。大量接触不同的人，从不同人的身上找到相通和交集之处，从而获得对事物的正确认识。

第四阶梯：跟随成功者的脚步。模仿与跟随是普通人获得顿悟的一种捷径，模仿与跟随就是自我训练，从训练中获得可靠的理解。

第五阶梯：高人点悟。高人的启发与点悟，是人开窍成本最低、效益最佳的至高形式。中国的所有智慧高度集中到"启发"两字之上。

五、想得到，做得到

教育是培养能力，这里讲的能力是一个教育术语。它不同于生理学中所说的能力，例如消化能力、对疾病的抵抗能力等。它也不能和心理学中所说的能力概念完全等同起来，在心理学中能力是一个人的个性心理特征之一，也就是说能力是和性格、气质、兴趣等概念并列的描述人的个性的概念之一。而在教育中，能力是和知识并列的一个概念。我们常说："我们在教学中不但要传授知识，同时还要注意培养孩子的能力。"这就是能力一词最典型的用法。

这是教育研究的一个重点，很多人花了很长时间研究，但大都从单纯的心理学意义上去探讨，缺乏突破性进展。我刚刚进入教育研究领域的时候，就是从这个问题上进入的，当时有幸得到了教育家杜和戎教授的点拨，使我对"能力"两字有了较好的把握。

首先是能力的定义，按照杜教授的界定，可以概括为：能力就是孩子努力去运用或者创造条件，不断实现目的与效果的可能性。这里分析一下这个定义中的几个关键词：

一是"努力"。实际上就是人的主观能动性，一种能力的形成首先在于自己是否努力去争取了。

二是"条件"。主要分为智力条件和非智力条件，智力条件如记忆智力、想象智力、创造智力、观察智力等；非智力条件如态度、机会、性格、情绪等，起决定作用的是非智力条件。

三是"效果"。能力与才华不一样的是，能力一定要注重效果和目的，这是评价的需要，更是能力的意义所在。

四是"可能性"。一切都有可能，怎样使可能性变成必然性，这是问题的实质。

而相对于能力而言，知识总是有其现成的、有形的、游离的、相对稳定的、可以明确表达出来的内容，所以，知识的获得应当是比较容易的，而能力的获得却并不容易。

有一句广告词是"想得到，做得到"，形象地指出了能力的实质。如果想到了但做不到，看起来好像只差那么一点点，实质上差之甚远。

前面谈到，能力就是努力运用条件实现效果的可能性，效果是目的，知识是条件，能力才是获得效果的有效手段。而能力的形成又是渐进的、不知不觉的，就像我们学骑车，不会的时候觉得很难，要摔很多跤，但一旦上了路，形成了能力，就觉得是很自然的事情，可能连自己都不知道是怎样学会的了。

能力一般具有以下特点：

(1) 掌握了很多知识，但仍然无法切实地完成事情，就是还没有形成能力；

(2) 不能笼统地评价一个孩子的能力如何，而首先应从努力运用条件的程度上来做激励性考察，并以效果作为目标来指导能力的形成，而实际上自信心是实现能力的前提；

(3) 能力具有个性，就像人的指纹一样；

(4) 能力呈螺旋式上升趋势发展，其中贯穿以自我超拔和自我顿悟，所以能力需要连续一致地、长期地去追求，以达到理想效果；

(5) 最重要的是提高缺乏的能力，因为欠缺的能力通常是最有价值的能力；

(6) 能力必须经过运用知识或者运用条件，达到效果才能确认是一种能力，也就是说能力必须在实践中得以培养。

针对能力培养中所遇到的问题，杜教授提出了培养能力的基本原则，大致如下：

一是由模仿到独创的原则。能力的培养应该是一个由模仿到独创的过程。在模仿阶段，教育者的身教就特别重要，而在第二阶段则要放手让孩子去摸索、创造。在制订每一种能力的培养计划时，都应安排一个适当的模仿阶段。为了便于孩子模仿，教育者自身要先对这一能力透彻地加以掌握，从而在示范时，不但能做得出样子来，而且能讲得出要领、分析出结构要素来。

二是启发性原则。培养能力和传授知识一样，也要注意启发性。所谓启发，就是要形成空穴，就是要让孩子感到该有而又没有某种知识或能力。要让孩子知道他自己"没有"某种能力，这比较好办。主要关键还在于要让孩子知道，他自己"该有"某种能力。只有这样，才会产生矛盾，才会产生吸引力和求知欲。

三是努力性原则。能力定义中的第一部分，就是"努力运用条件"。这里实际上也就规定了能力的前两个要素：一是"努力追求"，二是"充分发挥"。前者是要求努力调动自己的主观力量去追求，后者是要求努力地去发挥一切有利条件的作用，二者都离不开"努力"。所以，我们在培养孩子的能力时，也就要注意努力性原则，要让孩子碰到一定量的可以克服的困难，促使他们去努力追求，充分发挥已有的条件，并且在条件不够时，去努力创造新的条件。

四是效果性原则。既然能力是一种"取得效果的可能性"，那么，我们在能力培养过程中，就一定要强调让孩子注意讲究效果。仅仅是努力，而不注意讲究效果，是不能形成能力的。不讲究效果，孩子的努力就会转向于形式上的表现，转向于虚浮的空话。努力性原则一定要和效果性原则结合起来，才能提高孩子的能力。要善于运用表扬来肯定那些经过努力取得效果的孩子。对于努力了但没取得效果的孩子，则在鼓励的同时要指出他们的不足之处。很多尖子生在毕业多年以后，并未成为大家所期望的尖子人才，问题大都出在效果性上、出在灵活调节这一能力要素上。这是很令人遗憾的，一定要重视这种教训。

五是调制性原则。主要是要防止另一种消极的偏向，那就是认为"只要抓知识就行了，能力用不着管，它自然会来的。"培养能力，要积极努力地去"调制"，让知识传授过程中显示能力的差异、形成能力的"空穴"、调动孩子提高自己能力的积极性、形成更多的让孩子锻炼能力的机会。

六、创造性才华从何而来

创造性才华是衡量一个人能力的最终标准

具备前所未有的思想或创造出从未有过的东西，叫创造。创造是一种生产性思维活动，它是人类经常进行的最高级的精神活动之一。创造性才华，被社会公认为衡量一个人能力大小的标准。但是，一般情况下，人们总是把创造估计得高深莫测，其实，每个人都具有创造性才华，只是大小有所不同或者社会价值有大有小而已。

杨振宁教授1995年初在国内讲学，一位记者问他："您在国外教书多年，您看中国留学生和外国留学生有哪些不同？"杨教授回答："在国外，中国留学生无论在普通大学还是一流大学，学习成绩都是非常出色的。但中国留学生胆子小，老师没讲过的不敢想，老师没做过的不敢做。"

诺贝尔奖得主、美籍华人朱棣文教授也说过："美国学生学习成绩不如中国学生，但他们有创新及冒险精神，所以往往创造出一些惊人的成就。创新精神强而天资差的学生往往比天资强而创新精神不足的学生能取得更大的成绩。"

还有人说，如果教师提出一个问题，十个中国学生答案往往差不多，而在外国学生中，十个人也许能讲出二十种答案，尽管有些想法非常离奇。

以上的分析是值得思考的，至少道出了中国孩子缺乏创造力的现状。另有调查资料表明，当前我国大学毕业生中，95%以上的人长期不能或不会进行各种创造发明活动。当今的世界正迅速走向知识经济为主导的时代，创造性的活动正在逐渐取代重复性的非创造活动，成为人们活动的主要形式和社会发展的强大杠杆。可以说，当今世界的时代精神就是创新精神。科技的发展，知识的创新，越来越决定着一个国家、一个民族的发展前途。在竞争激烈的信息社会里，不创新就会落后，就会死亡。因此，**创新意识的培养能保证孩子在竞争中立于不败之地。**

从美育入手，培养人的创造性

才华就是产生灵感和直觉的可能性，它和一个人对于美的敏感、爱好、探索、追求都有密切的关系。所谓美感，就是当人们感受到一种新自由度隐约展现时，它对发展的需要的激励大于它引起的心理负担时，产生的一种独特心理感受，这是一个人的才华的根基和功底。所以要培养人的才华，就要注意培养人的美感。

爱美是人的天性，凡是天性中所固有的必须趁着适当时机去培养，否则像花草不及时下种，即使一样去培植，还是会凋零。儒家思想一个精华之所在，就是肯定美育本身就是情感教育，而情感教育是道德教育的基础，儒家重视"诗礼乐"的教化，教育宗旨是"兴于诗，立于礼，成于乐"，诗、礼、乐三项都可以归结为美育，其功能在于怡情养性，也就是说，道德并非教条与桎梏，而是至性真情的流露。

引领人的爱美之心，并非仅仅是为了增加优雅或者所谓虚荣的面子，而是以孕育人的创造性为目标的。可以说，美的核心是创造性。

审美能力对培养一个人的创造性才华有着重要作用，结合著名美学家叶朗教授的观点，可从三个方面进行阐释：

(1) 人的创造冲动正是来自于对美的感受和追求。比如牛顿从苹果落地的现象中感受到了美的存在。他发现这件事很有意思，值得探究，从而产生了一种冲动或者叫做激情，这种不可遏制的情感就是创新冲动。人要想具备这种创造冲动，需要靠美育来培养和熏陶，而不能靠智育。

(2) 世界上的许多事物都是有规律、有秩序的，同时又具备简洁、对称、和谐等形式美的特征。一些科学家的发明创造，往往是因为追求形式美而走向真理的。比如，一个科学家在研究某个公式的时候，有时是为了公式能更简洁、更对称，看起来更具形式美而去求证它，并最终走向成功。科学家狄拉克说过："一个方程的美看起来比它符合实验更加重要。"彭加勒也说："发明就是选择，选择不可避免地由科学上的美感所支配。"科学家的话都说明了在科学研究中美感对于发现新的规律、创建新的理论的重要性。美感从哪里来？当然来自于美育的培养。

(3) 一个人要有成就，要去大胆地开创新局面，就需要有宽广、平和的胸襟。也就是说，心理状态要好。如果一个人心胸狭窄，眼光短浅，那么这个人必定开创不出什么。怎样开阔心胸和眼界？这仍然是美育的范围。

　　美育的根本性价值在于给人自由与解放。一切美感活动，都是帮助人情感得以释放，并从自然限制中解放出来成为自己的主宰、恢复人的尊严的必要途径。但令人遗憾的是，我们的很多教师和家长没有理解美育的真正目的，也不考虑孩子的意愿，只顾一味逼着孩子去练琴考级，去苦练画画等等，结果孩子苦不堪言，根本体验不到美感，更谈不上发展艺术才华了。

第八章
习惯是教育的最终成果

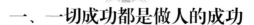

一、一切成功都是做人的成功

一个人做人是否成功，主要从行为上判断

回归教育的根本，引发孩子的主动性，唤醒孩子的自觉，是教育走向春天的基本保障。但是，如果只是为了"引发"而"引发"，为了"唤醒"而"唤醒"，必然又让所有教育者开始崇拜具体的、貌似高超的教育技术了，这显然偏离了本书的初衷。

对于普通教育者来说，需要有一个可操作的引发主动、唤醒自觉的内在体系，才能以不变应万变，我把这个体系叫"养成教育"，习惯才是教育的最终落脚点。

黑格尔把激扬人自觉行动的内在要求，用一个古希腊语παθος来表达，很多人把这个词翻译成"情欲"，是不够准确的，如果把它放在黑格尔的语境中来理解，可能是"情志"的意思，就是来自人本身合理的情绪力量，包含了理性与自由意志两个方面内容的综合。这种情绪力量并非来自基因，而是来源于人通过学习、教育、人际交往、社会风气等外在因素的熏陶，变成内心深处的一种自觉行为机制。也就是说，一个人一旦形成了这种稳定化的机制，当他发现自己的行为背离了自己的价值观念后，就会自动地马上纠正过来，使之显得合理、自洽。

这个自动化了的行为机制，就是习惯，我们平常所说的"教育就是培养习惯"，正是从这个角度上来说的。

习惯与做人品格的培养存在着一种线性关系，即教育犹如海上行船，必须按正确的航线行驶，否则，船越大越有触礁沉没的危险。也就是说，人格决定了人的发展方向。如果健全的人格是一个大屋子，那么需要找到门和门把手，否则是知其门不得而入。这个门把手，就是习惯。过去我国德育的失误就是把德育目标定得比天高，而呈现出了"假大空"的低效局面，其症结就是忽略了从细小的行为着手，去达到培养人格的最终目的。

可以说，**一切成功都是做人的成功，一个人良好道德品质的形成最终必然落实到优良的外在行为上**，因此，我们首先应该从人的行为角度来进行解释。

什么是行为习惯

人们常说"习惯成自然"，其实是说习惯是一种省时省力的自然动作，是不假思索就自觉地、经常地、反复去做了，比如每天要刷牙、洗脸。

习惯不是一般的行为，而是一种定型性行为。我国著名儿童心理学家朱智贤教授认为，习惯是人在一定情境下自动化地去进行某种动作的需要或倾向。例如，儿童养成在饭前、便后或游戏后一定要洗手的习惯后，完成这种动作已成为他们的需要。习惯形成就是指长期养成的不易改变的行为方式。习惯形成是学习的结果，是条件反射的建立、巩固并臻至自动化的结果。

结合《现代汉语词典》对"习惯"一词的解释"常常接触某种新的情况而逐渐适应；在长时期里逐渐养成的、一时不容易改变的行为、倾向或社会风尚"，不难看出，习惯具有个体和社会群体两个层面的意义：

从个体层面来看，习惯是个体后天习得的自动化了的动作、反应倾向和行为方式，它是条件反射在个体身上的积淀。从社会群体层面看，习惯是人们在长期的生活中形成的共同的、相对稳定的行为方式和反应倾向。

人们通常把习惯分成好习惯和坏习惯两大类，这种分法虽然简便，却很笼统。《儿童教育就是培养好习惯》(孙云晓等主编)从不同的角度对习惯进行了较为细致的分类，归纳出来主要有：

(1) 按习惯的价值分为良好(积极的)习惯和不良(消极的)习惯。凡是对人的学习、工作和生活等起积极作用的，适应人的正常需要，且对人具有正向价值的一类习惯就是良好的习惯或积极的习惯。如节约能源、坚持体育锻炼等。反之则是不良的习惯或消极的习惯，如不讲究卫生、酗酒、吸烟等。

(2) 按习惯的层面分为社会性习惯和个(个体)性习惯。社会性习惯多是强调与他人发生联系的习惯，通常体现为适应公共生活领域的习惯，如遵守交通规则、爱护环境、文明礼貌等。个体习惯则是社会个体所独有的习惯，如有人习惯早睡早起，有人习惯晚睡晚起；有人习惯早上锻炼，有人习惯晚上锻炼等。

(3) 按习惯的水平分为动作性习惯和智慧性习惯。动作性习惯主要是一些自动化了的身体反应和行为动作，比较简单，形成的时间较短，容易训练，如饭前便后洗手、早晚刷牙洗脸等。智慧性习惯比较复杂，层次更高，需要较长时期的训练才能形成，这类习惯主要涉及的是思维方式、情感反应和心理反应倾向方面的内容，比如做事有计划、凡事三思而后行、实事求是、质疑等。

(4) 按习惯与能力的关系分为一般性习惯和特殊性习惯。一般性习惯与人的一般能力要求相一致，如善于观察事物、勤于思考等。特殊性习惯与特殊技能和能力要求相适应，如建筑师、艺术家等职业所需要的利用表象构图的习惯等。

(5) 按不同的活动领域分为学习习惯、生活习惯、工作习惯、交往习惯。这是按照人们日常活动的主要领域来分的，还可以进行细分，比如学习习惯中可分出预习习惯、复习习惯、作业习惯等。

(6) 按出现的时间分为传统性习惯与时代性(现实性)习惯。从历史上传承下来的习惯可以看成传统性习惯，随着社会的变迁人们在现实生活中形成的新习惯就是时代性习惯，比如乘电动扶梯靠右边站立的习惯等。

人的行为模式与行为水平

教育专家关鸿羽教授在研究中发现，人的行为从方向上可分为良好行为与不良行为，从行为方式上可分为定型性行为和非定型性行为(见图8-1)。**良好的习惯是形成和完善好的人格不可缺少的一部分，而不良的习惯也正是形成不良人格的重要原因之一。**

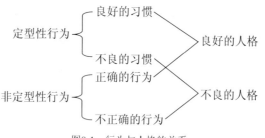

图8-1　行为与人格的关系

人的行为有四个层次，依次为被动性行为、自发性行为、自觉性行为和自动性行为。这四个层次是依次递进的，各层次的特点在图8-2中进行说明。

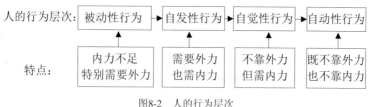

图8-2　人的行为层次

这四个层次实际上也揭示了习惯养成的四个阶段，到最后一个行为层次即自动性行为阶段时，也就是养成习惯了。养成良好的习惯就是行为的最高层次。

我们可以看一个具体的例子：一个刚进幼儿园的3岁小孩，从前习惯了被家人抱着走或背着走，对老师提出的"自己走"的要求，他会经历如下四个阶段。

第一个阶段：被动。他对为什么要自己走还没有认识。在幼儿园里，老师提醒了，他就会自己走；离开幼儿园，没有老师的提醒，他就不会自己走了，还是要家人背或者抱着。

第二个阶段：自发。通过老师的教育，他对"自己走"有了一定的认识，但还不能完全控制自己，需要一定的情境提醒和外部监督，经常出现反复。比如父母送他上幼儿园，出门时他会要求被抱着或背着，但在园门口看到老师时，他会意识到自己的行为不恰当，很快就下来自己走了。

第三个阶段：自觉。坚持一段时间后，他不需要接受老师和父母的监督，他基本上能够做到自我要求和自我控制了，偶尔会有反复，需要自己的意志努力，自己说服自己要自己走。还不是自动的行为。

第四个阶段：自动。他既不需要老师和父母的监督，也不需要自己的意志努力，不管在什么地方、什么时间都愿意自己走，自己走成为一种自然的、自动的行动，即形成了一种习惯。

这四个阶段与养成教育经过的阶段是吻合的，养成一个好习惯，通常就需要经过从被动到自发、再到自觉、最后到自动的过程。

可以说，习惯是我们大脑里所有意识、感觉、思考模式综合后，落实到行为上的人体软件。在很大程度上，人的行为取决于他的习惯，透过一个细微的习惯，往往能分析一个人的思想、作风、道德或文明的程度。良好的道德行为习惯，能使品德从内心出发，不走弯路而达到高境界。从系统科学的观点来看，道德习惯是道德行动自动化的过程，是由不经常的道德行动转化为个人品德的突破点，是品德发展的质变的指标，其中贯穿了"知——情——意——行"的基本线索。

二、习惯决定命运

我们知道养鱼关键在于养水，使水的温度、酸碱度适合鱼的生长，而相对应的是，养人养心。**我们所倡导的新时期养成教育的起点，就是养心，心正则身正，身正则行为正。**这是新时期养成教育的真谛之一，与儒家思想的精华契合。儒家思想的核心也在于"正"字，所谓"天地有正气，杂然赋流形。下则为河岳，上则为日星。"

同样是人，为什么有的人天生聪明，富贵到老；有的人则是终其一生努力奋斗，到头来还是潦倒而终？若说这一切是三世因果、命定使然，那是否命运就再也没有机会改变？又究竟是谁掌握了命运之舵？

袁了凡是明朝进士，68岁时以立命之学、改过之法、积善之方、谦德之效写成《了凡四训》这本书，作为教育儿子袁天启认识命运与改变命运的方法，后来成为流传千古的名作。

《了凡四训》的开头语，就揭示了写这本书的起因："千人千般命呀！命命不相同，明朝袁了凡，本来命普通，遇到孔先生，命都被算中；短命绝后没功名，前世业障真不轻，庸庸碌碌二十年，一生命数被算定，云谷禅师来开示，了凡居士才转命呀！才转命。"

袁了凡父亲早逝，母亲希望他放弃功名，转学医以济世救人，他听从了母亲的话。有一天，他在慈云寺，遇见了一位相貌非凡的孔姓老人，老人对他说："你是官场中的人，明年就可以去参加考试，进学宫了，为何不读书呢？"

袁了凡把母亲叫他放弃功名的事情告诉他，精通命理相学的孔先生于是帮他算一生的富贵得失。先为他算功名，说："你做童生的时候，县考得第十四名，府考会考第七十一名，提学考应当考第九名。"

果然，一年之后，袁了凡三次考试中所得到的名次跟老人所推算的一模一样。

孔先生又替袁了凡推算终身的吉凶，说："你应当做贡生，等到出了贡，应被选为四川一知县，上任三年半便告退。你会活到53岁，可惜没有子嗣。"

后来，袁了凡果真进入燕都，留在京城一年。这时，他觉得一个人一生的进退功名都是命中注定，所以把一切都看淡看破，不去追求了，整天静坐不动，不说话不思考，凡是文字一概不看。

一年之后，他要到国子监去读书，临行前到栖霞山去拜见云谷禅师，同禅师三天三夜相对而坐，一语未发连眼睛都没有闭。

云谷禅师问他："一个人之所以不能够成为圣人，只因为妄念在心中不断地缠绕，而你静坐三天，我不曾看见你起一个妄念，这是什么缘故呢？"

袁了凡告诉禅师，自己的命被孔先生算定了，何时生，何时死，何时得意，何时失意，都有定数，没有办法改变，就是要胡思乱想也是白想，心里因此就妄念不起了。

云谷禅师笑道："我本来以为你是一个了不起的豪杰，哪里知道，你仍然只是一个庸碌的凡夫俗子。"

云谷禅师告诉他："一个平常人，很难没有胡思乱想的那颗心，既然妄心常在，那就要被阴阳气数束缚了，所以命才有定数。但若是一个极善之人，数就拘他不住，因为尽管他的命数里注定一生吃苦，但是他做了极大的善事，这大善事的力量，就可以使他由苦转乐，贫贱短命变成富贵长寿。而极恶之人，数也拘他不住，因为极恶的人，尽管他本来命中注定要享福，但是他如果做了极大的恶事，就可以使福变成祸，富贵长寿变成为贫贱短命。你先前的20年都被孔先生算定了，你没有把'数'转动过分毫，所以你是凡夫。"

袁了凡问："照你这么说，这个'数'不是一定的吗？"

云谷禅师又说，"'命'不是一定的，而是由自己改变的，'心就是福田，千万别乱求'，只要你能感动人，没有做不到的事情。如果你能向自己内心里求，那不单是仁义道德可以求得到，就是身外的功名富贵也可以得到，而且是不去求便自然得到了，因为有仁义道德的人，大家会喜欢他、敬重他，所以功名不是求来的，而是别人自然会给他。"

经点悟，袁了凡心里开始相信"命"是可以改变的了，只要从内心出发，把自己的不良习惯改掉，增加福德，自然可以改"命"。

袁了凡对禅师说："我不应该有功名，也不会有子嗣的。因为有功名的人都是有福相的，我相薄福也浅，又没有行善积德。另外，我不能忍耐和担当重大的事情，旁人有不对时，我也无法包容，而且我性情暴躁、气量狭小，有时又显得自大，喜欢高谈阔论，想做就去做，像这些行为，都是福薄之相，怎么能够取得功名呢？此外，我有洁癖，容易动怒，只爱惜自己的名节，说话太多，伤了气，身体就不强健，还有，我喜欢喝酒，又常彻夜不眠，也不懂保元气，我有这些种种毛病，所以不应该有子嗣的。"

从此，他开始"养心"，并养成了很多好习惯：即使身处暗室无人之境，他对自己一思一念也谨慎小心，碰到讨厌与毁谤他的人，他也能够安然接受，不再计较争论。

之后，孔老先生的话开始不灵了。孔老没算到他会中举人，就在见到云谷禅师的隔年秋天，袁了凡考中了举人。原来孔先生算定他没有子嗣，结果也得到了一个儿子，孔先生算他的命至53岁而终，但53岁那年他也平安无事，69岁还写了《了凡四训》留给后人。

可见，好的习惯，能够改变人的命运。好的教育，要旨在于，父母即使不能在孩子出生时给予他优越的条件，也可以帮助他养成受益一生的好习惯，这是比"金汤匙"更为宝贵的财富。

三、素质是养成的

素质是指人在后天通过环境影响和教育训练所获得的稳定的、长期发挥作用的基本品质结构，包括人的身体、思想、知识、品质等。全面提高人的素质的教育，可以称为素质教育。

很多人并不知道，素质教育其实是中国对世界教育的一个重要贡献。2008年，中国的"素质教育"正式被联合国列为世界教育品牌，由于找不到合适的英译词，世界通用名称确定为"suzhijiaoyu"(汉语拼音)。

人的素质究竟是怎样形成的呢？可以明确的答案是——**人的素质是逐步养成的，而不是教诲而来。我想，这应当是素质教育的精髓。**

这里的"逐步"的意思是，"养成"是有关键期的，许多著名的教育学家、心理学和思想家都认为行为习惯要从小培养。人在未成年以前，尤其是年幼的时候是培养行为习惯的最佳时期。幼儿期(3～6岁)、童年期(7～12岁)、少年期(13～16、17岁)都是行为习惯养成的重要时期，幼儿期和童年期尤为关键。

就现代学校教育制度看，幼儿期、童年期相当于幼儿园阶段和中小学教育阶段，因此，幼儿园和中小学教育的一项重要的内容就是进行良好习惯的培养。

以下这个故事，多年前，我曾经把它写在一本书的封面上，使之流传极为广泛：

1988年，75位诺贝尔奖获得者在巴黎聚会，以"21世纪的希望和威胁"为主题，就人类面临的重大问题进行研讨。

在会议期间，有人问一位诺贝尔奖获得者："您在哪所大学、哪个实验室学到了您认为最重要的东西呢？"

这位白发苍苍的获奖者回答："是在幼儿园。"

提问者愣住了，又问："您在幼儿园学到些什么呢？"

科学家耐心地回答："把自己的东西分一半给小伙伴们；不是自己的东西不要拿；东西要放整齐；吃饭前要洗手；做错了事情要表示歉意；午饭后要休息；要仔细观察周围的大自然。从根本上说，我学到的全部东西就是这些。"

三岁决定一生，良好的行为习惯要从小培养，少年儿童成长中的每一天都是习惯培养的好时机。正如儿童教育家陈鹤琴所指出的："教育一个人要从小就注意起的，讲话怎样讲，批评怎样批评，做人的态度，对人的礼貌，以及一切的一切都要从小养成。国外有句俚语说：'开始做得好，一半做到了'，中国的先哲也有'慎始'的教训，一种习惯的养成，莫不由'渐'而来。做人是顶难的，一定要从小就加以训练，养成种种优良的习惯和态度，在小孩子时代已经受了良好的教育，到青年的时候，自然可以减少许多问题。'慎始则善终'，这是必然的结果。"

少年儿童时期，由于人的身心发展还未定型，具有较强的可塑性，可以说是养成教育的关键期，在这个时期帮助孩子培养各种良好行为习惯，以便为孩子日后的工作和学习打下坚实的基础，是一件省劲而高效的工作。

可以说，新时期的养成教育理论实践体系，是一个文化系统。尤宗周先生也在《国学概说》中明确了人生四个阶段的教育理念，我认为这是从文化意义上对养成教育的精彩阐述，不妨全文引述如下：

(1) 幼儿养性——优美人格的奠定。

众所周知，零岁至三岁是人的一生中"可塑性最高，施教最容易"的阶段，正是教育的黄金时期，很可惜一般父母大都轻易错过。如何在这张纯净的白纸上，彩绘出最优美的底案，建构其一生端正屹立的磐基，实是教育者应该共同关心的重要课题。

回顾反省人的一生，大家莫不深切同感"江山易改，本性难移"。我们可以肯定地说，人生最难化者唯习性；良好的习性一旦养成，则终身受益不尽，反之将受害无穷。因此第一阶段"幼儿养性"的教育特别重要。这期间的幼儿几乎没有自主学习的能力，然其纯净的心灵对外界的一切讯息，却能靠高度的直觉而全面吸收，犹如明镜照摄景物一般，不加选择地全部接受，此时正是构成其一生性情及品格基础的重要时期，此时的教育端赖父母亲主动地给予正确的引导。

正确了解幼儿学习的特性后，我们建议为人父母者以最轻松简易的方式来进行教育，现略述一些方法以供参考，若能举一反三、善巧融通，则不难掌握幼儿养性的教育要旨。例如：手抱幼儿或陪他嬉戏时，常用愉快的心情、轻柔的赞美来肯定孩子："你(或直呼其名)是最孝顺的孩子、你是最善良的孩子、你是最开朗的孩子、你是最聪明的孩子、你是最健康的孩子、你是最勤快的孩子、你是最喜欢读书的孩子……"不胜枚举。此外父母亦可时常播放优美的中西古典音乐，以培养其优雅的性情。

营造良好的教育气氛与学习环境，是影响孩子人格健全发展的重要因素。因此，为人父母者希望子女未来具备良好的人格特质(果)，现在就应该多加赞美肯定孩子(因)，如此每天几次愉快的赞美肯定他，必然先入为主地深深印入幼儿纯净的心灵，形成终身不移的人格特质。良好习性的养成，优美人格的奠定，就在父母亲轻松愉快的赞美肯定中完成。秉性良好的孩子，经此赞美肯定后，会发展得更加自信完善；秉性中下的孩子，更需要父母亲加倍的赞美肯定来弥补，以导正或减轻其不良习性于无形中，这可是幼儿教育的秘诀，贤明的父母们，请千万别错过这短短的三年啊！

(2) 童蒙养正——圣贤智慧的陶冶。

当幼儿渐渐成长到四岁后，已慢慢学会语言的应用，学习能力亦逐渐地增进，此时即应该衔接"童蒙养正"的教育。养正，是指培养其端正的心性及行为。不论是心理学的研究或是一般人成长的经验，我们了解：四岁至十三岁这阶段的儿童，因其知识未开，理解能力薄弱，仰赖父母之处尚多，然也因涉世未深，心性依然纯净，正是一生当中记忆力最强的阶段。如何把握其记忆的特长而善加教育，是最值得深刻反省的问题。

古圣先贤们高瞻远瞩，不约而同地选择古典经典为主要教材，并以历代公认的优美古文诗词等为辅佐教材，来教导儿童反复熟读，进而鼓励其背诵。如此充分发挥其记忆力的特长，背诵最有价值的经典，趁他心性纯净时，常常耳濡目染于圣贤光明正大的智慧思想之中，以潜移默化其气质。经典的价值亦将随伴其人生经验的成长而茹吐芬芳、绽放光明，能扶持他克服人生的逆境难题。而长期的诵读薰习，可以养成他阅读古文的能力，那么，中华文化的智慧宝藏，将任其悠游探取，深信必可陶冶他的性灵，开阔他的心胸，端正他的品行。这种书多读一本即有一本的受益，乃至多读一句亦有一句的功效，此种终身受益的教育，就在童蒙读经阶段中种下根苗。十年易过、终身难得，切莫等闲空过了。

至于如何教导儿童读经呢？方法很简单，只要父母、老师善于利用课余时间，引导鼓励或赞美奖励儿童反复多读、熟读，他们自然就会背诵得非常流利。若父母亲能抽空陪孩子一起读，不但本身受益，同时也是最佳的亲子活动。根据老一辈人的经验，若能把握这段记忆力最好的十年，每天能读诵30分钟，持之以恒，要背诵二三十本书是轻而易举的，并且可利用寒暑假期间来加强复习。

(3) 少年养志——理想抱负的鼓舞。

十三岁之后的青少年知识渐开，理解力亦有显著的发展，渐渐脱离父母的关怀照顾，正是意气风发的学习独立阶段。此时即应迈进"少年养志"的教育。养志，是指鼓舞他们追求崇高理想的勇气，培养宏观远大的志向。

子曰："吾十有五而志于学"，正是我中华民族青少年们立志向学的典范。处于初中、高中时期的青少年，除了学校正常课业及特别感兴趣的学科书籍外，需要通过阅读，找出自己心中最崇敬，愿意立志仿效的对象，最能激发青少年们"有为者亦若是"的豪情壮志。有了这股积极力量，不仅点燃了青少年立志的热诚，也建立了坚定的信心，因为青少年正处于构思自己未来方向的阶段，此时最需要认同效法的对象，来鼓励他们建立远大的理想抱负，及坚持理想奋斗的勇气。

(4) 成人养德——真实生命的开展。

成年以后，进入社会发挥自己的专长而立业成家，应尽力以求自立，进而提携后进以立人。尔后，在与人接触日渐频繁，人事愈加纷杂的过程中，必难事事周全、尽如人意，因此更须常常反省自己的缺失与不足，自勉改过以求进益。处处抱持真诚笃厚之意来待人接物，时时存方便利他之心以积善培德。

以上的四个阶段的阐述，其中关键词就一个字——养。养是一个渐变的、无意识的教育存在，更是教育者与受教育者之间相互精神滋养的过程。繁体字"養"字语源是"羊"。《说文·食部》："養，供養也。从食羊声。"，许慎把"養"字视为形声字，但分析"養"字的原始结构，它又是一个会意字，乃一人献羊之象，其字根都是"羊"。由"羊"这个字根引发的几个字都是"养"的外延，如羊大为"美"，羊者"祥"也，羊言为"善"，羊我为"义"(儀)。文字是文化的重要载体，文字所传递的往往又是人类文化最基本的或最原始的信息，分析文字的字源学意义，是把握文化最早脉动的重要途径。所谓养成教育的过程，就是"善""美""祥""义"四个汉字的全部演绎。由此可以看出，素质是养成的。

四、习惯培养的七个步骤

怎样培养习惯呢？

培养良好习惯，不是一两天的事情，需要经历一定的发展阶段。按照美国科学家的研究，一个习惯的养成需要21天。中国习惯教育家周士渊认为，养成的习惯不一样，每一个人的认真程度不一样，刻苦程度不一样，所用的时间也肯定不一样。既然这21天是个平均数，那我们用一个月的概念更好记，而且更保险。培养习惯重在一个月，关键在头三天。同时，周先生还总结出习惯培养的七个秘诀，即：

(1) 真正懂得重要性。

(2) 找出可行性分析。

(3) 统筹安排，逐一击破。

(4) 关键前三天，重在一个月。

(5) 每天前进一点。

(6) 借东风。

(7) 坚持不懈，直到成功。

关于培养习惯，我提炼总结了一个"七步模型"，供读者参考。

第一步：注重第一次。

第一次，在习惯养成中具有重要的作用，好的"第一次"往往能打下一个好的基础，因此而养成好习惯的可能性就较大，不好的"第一次"往往会把人引入歧路，随之而来的很可能就是坏习惯。

一位母亲为她的孩子伤透了心，不得不去找心理咨询专家。

专家问："孩子第一次系鞋带的时候打下个死结，你是不是不再给他买有鞋带的鞋子？"夫人点了点头。

专家又问："孩子第一次洗碗的时候，弄湿了衣服，你是不是不再让他走近洗碗池？"夫人称是。

专家接着说："孩子第一次整理自己的床铺，整整用了一个小时，你嫌他笨手笨脚，对吗？"

这位母亲惊讶地看了专家一眼。

专家又说道："孩子大学毕业去找工作，你又动用了自己的关系和权力？"

这位母亲更惊讶了，从椅上站起来，凑近了专家说："你怎么知道的？"

专家说："从那根鞋带知道的。"

美国著名教育家曼恩曾经说过："习惯仿佛一根缆绳，我们每天给它缠上一股新索。要不了多久，它就会变得牢不可破。"试想，如果绳索在一开始的时候就没有缠好，即使你再缠上100道绳索，也只能越缠越歪。因此，要先打好基础，注重第一次或前几次良好行为出现后的鼓励和强化，以及不良行为出现的教育与矫正。这样，在每天缠上新的"绳索"的时候，习惯就会变得牢不可破。

教育家陈鹤琴对此曾有过精彩论述："无论什么事，第一次做得好，第二次就容易做得好；第一次做错，第二次就容易做错。儿童种种坏的习惯，都是由于开始学的时候，他们的教师或父母没有留意去指导他们，以致后来一误再误，成为第二天性；所以要教小孩子教得好，必定要在第一次的时候教得好。所以，对于第一次的动作，做父母和教师的要格外留意指导，以免错误"。

"注重第一次"就是要在习惯培养的初期，打下良好的基础，不放过细节问题，使好习惯牢不可破，坏习惯无机可乘。在养成教育中，这是一个很基础也很重要的步骤。

> 💡 习惯仿佛一根缆绳，我们每天给它缠上一股新索。要不了多久，它就会变得牢不可破。

第二步：找好突破口。

稍微有一些医学常识的人都知道，针灸时，医师如果没有摸准穴位就随便给人扎针，不仅不能得到好的治疗效果，反而会给病人带来更大的痛苦。而在习惯养成的过程中，"突破口"就如同针灸中的"穴位"，找对了突破口，良好的习惯也就离孩子不远了。找好"突破口"，无疑是在习惯养成的道路上前进了一大步。

教育专家孙云晓在他的报告文学《唤醒巨人》中讲了一个发人深省的故事。

13岁的周彩虹非常不爱学习。为了让她的成绩提高，班主任周老师常常免费给她补课。但是，她却变着法子想逃走。有一次，她甚至对周老师说："我家远，6点是最后一趟班车。如果您留我补课，得把打车的钱给我。"

为了培养周彩虹爱学习的好习惯，周老师不断寻找办法，后来，周老师经过研究，终于找到了一个突破口。

一天，周老师约周彩虹谈话，周彩虹以为又要谈学习，眼睛望着窗外。

周老师笑笑，问："彩虹，你去当模特怎么样？"

"当模特？"周彩虹的魂儿一下被勾了回来，她简直无法相信，班主任会与她谈这个话题。

"是啊，我一直在琢磨，你1米69的个子，审美意识强，又有运动潜质，当模特也许是一条适合你的发展之路。"

"可……可我这么小，去哪里当模特？"周彩虹来了情绪，却又不知所措。

"你看，东华大学模特队培训班不在招生吗？"说着，周老师取出一些资料，递给周彩虹，说："我研究了一下，我相信，你去报名会被录取的。"

"真的？"周彩虹心跳加快了。要知道，她暗暗做过当模特的梦，却头一回有机会实现梦想。

进入了模特班的周彩虹，仿佛变了一个人，对生活中的一切都热心起来了。预备班准备开主题班会——"祖国在我心中"，她头一个报名出节目——用报纸设计时装来表演。周老师建议多找几个人，效果会更好一些。于是，她就找了三个男生、三个女生。

　　从此，周彩虹更忙了。每到周末，便约同学们去附近的公园里练习走台步。她已经受了一段正规训练，加上有天赋，还挺像个模特教练的样子。训练结束，她请同学们到家中吃晚餐，与大家建立了融洽的关系。结果，节目大获成功。

　　不久，全校举行班会巡展。预备班由周彩虹领队的模特表演，最后一个出场，却一下子征服了全校师生。谁也想不到，闸北八中会冒出一支挺专业的模特队，而且出在最懒的预备班里。他们热烈鼓掌，高声叫好。不用说，此节目荣获一等奖。

　　看到今非昔比的周彩虹，周老师深深认同了"成功教育就是播撒阳光的教育"这句话。

　　这天放学，她又约周彩虹谈心。此时的周彩虹与周老师早已情同姐妹。每一次交流对于她都是一种享受。

　　周老师说："彩虹啊，看到你在模特艺术上潜力无限，老师真为你高兴啊，可是，也有些担心。"

　　"怎么？"周彩虹紧张起来了。她知道周老师虽然年轻并不轻言，说什么都有比较充分的准备。

　　"现代社会对模特的素质要求越来越高了。一级模特要有大学学历，最低一级的模特，也要中职毕业。明白吗？"

　　周彩虹的脸上掠过一丝阴云，她沉思了一会儿，说："这就是说，我先要初中毕业，再至少读完中职或高中，才可能正式进入模特界，对不对？"

　　"完全正确。"周老师点点头，又说："我观察你很久了，发现你很灵。只要你肯学习，在八中这样的环境里，你一定会成功的，而这一点关系到你的一生。"说着递给她一摞资料，"你回去看一下，这是我从网上下载的资料，都是关于模特专业发展的。"

也许，这一次谈话对症下药了；也许是当模特的成功给了周彩虹从未有过的信心，从此，周彩虹开始以崭新的状态学习了，上课认真听讲，课下与同学讨论，并且主动找各科老师补课。渐渐地，周彩虹的学习成绩上来了。

周老师终于找到了周彩虹的"命脉"，这个命脉就是"时装"。当老师和她谈起做模特的时候，她的眼中一亮。而这亮光，就是她后来不断进步的动力。通过这个突破口，她渐渐开始重视学习，并爱上了学习。

第三步：树立一个同龄榜样。

人们的思维、情感和行为往往受外界环境的影响，尤其是在早期人格发展中，学习别人的言行和思维，是个体社会化的重要途径。对于青少年而言，父母的榜样是一方面，同龄人的榜样示范也不可缺少。对于稍微大一些的孩子来说，同龄群体对他们的影响往往超过了父母和教师。

按照心理学的理论，个体有时会通过特别的心理动机，有选择性地吸收、模仿某些特殊的人或物。这种模仿称为"仿同"作用。仿同是一种吸收或顺从另外一个人或团体的态度、行为的倾向。而青少年常常模仿、吸收的大多是身边令自己喜欢的同龄伙伴的行为，因为同龄伙伴与自己的生活环境相似，更可能有交流的话题。

榜样的力量是无穷的。通常情况下，由于各自的局限，常常是你在这点比我好，他在那点比你强，大家都各有优势。这种情况下，最好是互为榜样，学习他人身上的优点，克服自己身上的缺点，同时以自己的优秀之处影响别人，帮助别人进步。"三人行，必有我师"，只有不断地相互学习，才能不断地进步。

很多人在回忆自己的学生时代时，最难以忘记的往往是自己那些可爱的小伙伴，他们曾经是自己的对手，也是自己的榜样。一位清华大学的学生这样回忆：

我有几位很要好的朋友，他们也是我高中时学习中的对手，我们在高考中都取得了很好的成绩。我们的成功是因为彼此珍惜那份充满着竞争和关爱的友谊，我要感谢那些朋友。

我们都是从小县城考上我们地区的唯一一所重点高中的，大家都是县里的第一名。高二之后文理分班，我们又大多进了理科班，互相之间的竞争更加激烈。每次考试，大家的总成绩都相差无几，这次我高两分，下次他高三分，我们成了名副其实的竞争对手。

我的同桌叫赵连城，他也和我住一个宿舍，我们每天形影不离，学习、吃饭、睡觉……所有的事情都在一起。我们是好朋友，也是竞争对手。他的英语和数学比我好，我的物理和化学比他好，所以我们经常在一起讨论问题，在学习上互相帮助鼓励。

我和连城都很喜欢运动。他的乒乓球打得很专业，我足球踢得好。学习的时候我们比着学，玩的时候我们也是要争个高低。在安静下来做总结的时候，我们互相提建议，又是最最贴心的朋友。

后来，在临近高考的时候，连城生病住院了一段时间，高考成绩下来，我比连城多了五十多分，上了清华，他也进了山东大学。现在我保送上了清华的研究生，连城也被免试推荐到南开大学读研究生。

我承认，因为有了他这个竞争对手，才让我在高中枯燥的学习中更有动力，也是因为有了他这个朋友才让我在激烈的竞争中有了鼓励和关照。大学四年和连城的联系并不是很多，但是每每打电话时，都感觉到和他的友谊之诚、之真，那些情谊和关爱正是我们的进步之源。我永远感谢连城，珍惜和他之间的友谊。

另外，也许有人会认为，既然是选择榜样，就要"择优为邻"找那些各方面表现都很优异的人作为孩子的榜样。这样想固然无可厚非，但不是就一定要这样做。其实，孩子身边的伙伴中，每一个身上都有值得学习的地方，比如认真、守时、礼貌、遵守交通规则等等。如果刻意寻找那些最优秀的同龄人做比较，由于目标太高，反而不利于自己的进步。因此，选择适合的高度目标，应当成为我们寻找同龄榜样的一个重要原则。

第四步：引导孩子进行自我训练。

习惯是一种动力定型，是条件反射长期积累和强化的结果，必须经过长期、反复的训练才能形成，这是形成良好习惯的最基本的方法。

我国古代的学者们就非常重视行为习惯的训练，重视言行一致的作风。荀况说："不闻不若闻之，闻之不若见之，见之不若知之，知之不若行之，学智育行之而已。"古代人把他们的道德要求编成《三字经》《朱柏庐治家格言》《弟子规》等，让人们牢记并按照要求反复训练，效果非常明显。

国外的教育家也很重视行为习惯的训练。洛克曾说："儿童不是用规则教育可教育好的，规则总是被他们忘掉。你觉得他们有什么必须做的事，你便应该利用一切时机，甚至在可能的时候创造时机，给他们一种不可缺少的联系，使它们在他们身上固定起来。这就可以使它们养成一种习惯，这种习惯一旦养成以后，便不用借助记忆，很容易地、很自然地发生作用了。"

> 真正的教育不在于说教，而在于引导自我训练。

实践证明，真正的教育不在于说教，而在于引导自我训练。如果习惯培养只停留在口头，那这样的习惯一定是没有真正的生命力的，时间长了，还容易使人养成言行不一致的坏作风。只有反复训练才能形成自然的、一贯的、稳定的动力定型，这是人的生理机制决定的。所以说，没有训练，就没有习惯。

训练法对于孩子的成长尤为重要，因为青少年的品德形成往往不是先从概念开始，而是从实践中体验和训练出来的。对于一些大道理，青少年理解起来尚有困难，但是随着年龄的增长，慢慢地也就理解了，这时的习惯就如同他们的第二天性一样自然了。

第五步：进行正强化。

大家可能有类似的体会，自己在某种情境下做了某一件事情，如果获得满意的结果或肯定的答复，下次遇到相同情境时做这件事的可能性就会提高，不知不觉中，就养成了一种习惯。这就是"正强化"。虽然不是一次表扬和鼓励就能塑造一个崭新的行为，但我们应该看到，正面的、积极的外界反应和自我评价，对良好行为习惯的养成有较为明显的促进作用。

运用好"正强化"的方法，就是要在习惯的培养中，引导孩子学会肯定自己，从某种意义上说，就是要指导孩子进行"自我表扬""自我奖赏""自我鼓励"。

下面这个案例中所用的策略就是"正强化"：

丁红上小学四年级，语文成绩还行，数学是她最大的麻烦，尤其是遇到应用题的时候，老师讲的例题当时也能听懂，等她自己写作业的时候又不会了。回家后她向当工程师的爸爸讨教，爸爸给她讲了两遍，她还是似懂非懂，妈妈在一边着急了，责怪丁红反应慢。爸爸在书房里来回踱步，像是在想问题。大约五分钟后，爸爸对女儿说："我想起来了，我上小学的时候通常一个问题要讲六遍才能听懂，我们重新开始吧。"

爸爸又耐心地讲了三遍，女儿终于听懂了。爸爸说："你比小时候的爸爸反应问题还快一次，只要你不怕困难，坚持思考，你将来一定会超过爸爸的。""真的吗？"丁红虽然有点不相信，但欣喜之情挂在眉梢。

可别小看了丁先生的这几句话，后来丁红遇到难题的时候，不但不怕一遍又一遍地问别人，还不怕一遍又一遍地自己下苦工夫思考，直到把问题彻底搞明白为止。十一年以后，在小学同班同学里，她是唯一获得研究生学位的人。

第六步：和孩子签订一个行为契约。

行为契约有两种类型：单方契约和双方契约。我们在此只谈后者，它是指双方经过谈判，共同协商的一种对双方行为均有约束力的书面约定，体现了双方互为强化和互惠互利的关系。签约双方之间是有相互关系的，如配偶、亲子、同学、同事等。双方都想改变对方的行为，一方的行为改变充当了另一方行为改变的强化物，如果有一方没有执行约定的行为，就可能导致另一方也不执行协议，整个行为契约法就要失败。

在习惯培养中运用行为契约的方法，不仅可以进行有效的自我监督、自我控制和自我管教，同时也为父母对孩子的监督提供了更为客观的环境，能省去很多不必要的唠叨，可谓一举两得。

在实行行为契约法的过程中，需要孩子与父母共同维护契约的约束性，才能不断强化双方的良好行为，最终养成好的习惯。

从某种意义上来说，行为契约法也是在习惯养成中有效改善亲子关系的"润滑剂"。它反映了两个层面的亲子关系，即父母与子女之间在教育地位上的不平等关系，以及在人格地位上的平等关系。

行为契约法常常用类似公司签协议的表述方式帮助孩子进行自我观察，建立良好行为，父母因此省去了许多说教，亲子之间的情绪冲突大大减少。

第七步：家校合作，形成风气

培养习惯的最后成果，是形成家风或者校风。

培养习惯绝不仅仅是家庭的事情，要取得好的效果，父母要及时与学校沟通、配合。这样做，才能达到"家校共振"，使孩子的好行为真正变成稳定的、自动化的习惯。如果父母与老师之间较少沟通，孩子往往在家里一个样，在学校一个样，从而变成两面人，所谓的"5+2=0"①正是家校缺乏配合的结果。

在习惯培养方面，尤其需要父母和学校主动配合。这是因为一个良好习惯的形成，需要漫长的时间，不像教孩子"1+1=2"那么简单，在短时间内就可以让孩子掌握。习惯培养需要孩子自身"知、情、意、行"的良好统一，也需要学校和家庭的配合，当几个方面的力量和步调一致的时候，孩子才有一个好的环境，才能在这样的环境里把偶然的行为内化为长久的习惯。

一位母亲对此深有感受，她认为，父母只有及时与学校沟通，并相互做好配合，才能改变孩子的不良习惯，把孩子培养成为一个具有健康人格的人，她撰文道：

记得我的孩子刚上一年级的时候，我非常关心他在学校里的表现，因为这是他正式走上社会的第一步。于是，只要有见着老师的机会，我就会走上前去，问问老师孩子的情况。但是几次下来，我再也不问了，因为从老师的嘴里我只能得到三个字"挺乖的。"这是什么含义呢？说得好听点，就是"好孩子，小乖乖"；说得不好听点，就是"小呆瓜"一个。如果我的孩子是个女孩，我可能还会心安理得，可他是男孩呀。我也能理解老师，那么多的孩子在一起，乱起来的时候，吵都吵死了，如果有好多的乖孩子，那是多么高兴的事

---

① 5天的学校教育加上2天的家庭教育等于0教育。

情呀。于是,我想:革命还要靠自己,我来主动配合老师吧。

于是,我总对儿子说:"有什么事不要怕,大胆地跟老师说。"儿子答应了。但在学校仍然不能做到敢想敢说敢干。比如上课时,只要老师一问,有些孩子就马上举手,而且恨不得还没叫他他就站起来了,甭管回答得对不对,精神可嘉。可我儿子总是想好了才举手,有点被动中的主动的感觉。于是,学期末,老师给儿子一个评语:"性格内向"。老师的话是对的,但我知道他的这种内向型性格不是天生的,是后天造成的。因为儿子比别的孩子早进入了社会。我和丈夫的工作都是一天八小时的坐班制,不能照顾孩子。双方父母都没有可能帮助我们。再加上住房条件差,请保姆也没有地方住,因此孩子刚七个月大的时候就送进了托儿所,两岁多就上了全托。孩子对集体生活有了一套自己的应付方式,给人一种假象:内向。课上不说,课下再说,当着老师不说,背着老师再说。所以孩子之间发生了什么事,逮不着他,在老师面前他总是乖乖的。我不喜欢他这样,我希望他敢想敢说敢干,希望他是一个把什么东西都摆在明面的孩子。但是怎么扳过来呢?

首先我背着孩子找到了老师,把孩子的经历告诉了老师。然后我带着孩子又去见老师。老师当着我的面,表扬了孩子已有的优点,并把应注意的,比如有话和老师说呀,大胆发言呀,又强调了一遍。从此我的孩子在学校里敢和老师交谈了。我把这种沟通叫做主动中的被动。不要害怕和老师沟通,老师最不怕的就是有话当面说,最害怕的是瞒她、骗她。更不要怕正确地教导孩子,孩子对的就要鼓励、帮助,错的就要配合老师教育,千万不可当着孩子的面一套，背着孩子一套，更不可当着孩子埋怨老师、指责老师。降低了老师的威信，也就降低了父母自己的威信。

　　这位明智的母亲说出了一句至理名言——**降低了老师的威信，也就降低了父母自己的威信**。之所以这样说，是因为父母和老师在教育孩子方面是站在一条线上的。父母与老师配合得好，孩子在家庭与学校知行合一，5+2就会等于7，甚至大于7。

五、在全国范围内推广六大习惯

我们养成教育课题组六十多位跨学科专家(涵盖哲学、教育学、心理学、脑科学、人体工程学、医学、营养学等学科),以及数位优秀的校长、特级教师,从180个行为习惯中进行了为期三年的实验论证,最后确定了六个习惯至少符合以下原则:

(1) 行为循环论原则。人的自动化行为习惯一般呈现为螺旋式上升的形态。按照行为学基础理论,我们在做人、做事、学习、与人合作相处等四个方面之间寻找到关键线索,使这个线索贯通人的整体发展中,最后落脚在某一个有机的习惯上。所以,这六个习惯是和谐的、有机的,又是互相呼应的。

(2) 行为中心控制论原则。我认为,改正坏习惯是很困难的,也是事倍功半的,只有培养好的习惯、根本的习惯,让这个好习惯带动培养其他很多的好习惯。这六个习惯均是符合中心控制论的根本习惯。在这六个习惯的背后,实际上可能是几十个、几百个习惯。

(3) 人格化习惯原则。习惯是一把双刃剑,会用的是一把好剑,不会用的则可能是伤害人、控制人的"凶器",因此我们倡导必须谨慎选择培养哪些好习惯,其原则是以人为本,从人的内在需求特征出发,培养人格化习惯,这是安全的、科学的。社会上流行很多培养习惯的书，提出了很多过度细化的要求与内容，我看是需要警惕的。

我们把下面这六个习惯，作为适应我国全部人群的中心习惯，向全社会推广，以强健公民整体道德素养。教育不只是孩子的事情，我们渴望所有的人和孩子一起来自主培养，共同成长，共同进步。

把一件事情做到底

在生活中，我们会发现这样一个现象，有的人默默无闻，但始终坚持把简单的事情做好，却总是能如愿迈向成功。其实，这里面隐藏了一个奥秘，那就是，**长时间把简单的事情做好，就是不简单。**

古希腊大哲学家苏格拉底思维敏捷，思想深邃，关爱众生又为人谦和。许多青年慕名前来向他学习，听从他的教导，都期望成为像他那样有智慧的人。他们当中的很多人天赋极高，天资聪颖者济济一堂。大家都希望自己能脱颖而出，成为苏格拉底的继承者。

一次苏格拉底对孩子们说："今天我们只学一件最简单的事，每个人都把胳膊尽量往前甩，然后再尽量往后甩。"苏格拉底示范了一遍，说："从今天起，每天做三百下，大家能做到吗？"孩子们都笑了，这么简单的事有什么做不到的！

第二天，苏格拉底问孩子："谁昨天甩胳膊三百下？做到的人请举手！"几十名孩子的手都哗哗地举了起来，一个不落。苏格拉底点点头。一周后，苏格拉底如前所问，有九成的孩子举手。过了一个月后，苏格拉底问："哪些孩子坚持了？"有一大半的孩子骄傲地举起了手。

一年后，苏格拉底再一次问大家："请告诉我，最简单的甩手动作还有哪几位同学坚持了？"整个教室里，只有一个孩子举起了手，这个孩子就是后来成为古希腊另一位伟大哲学家的柏拉图。他继承了苏格拉底的哲学，并创建了自己的哲学体系，培养出了堪称西方孔夫子的大哲学家亚里士多德。

与"每天甩手三百下"一样，许多看似简单的事情，其实际的意义并不在于事情本身，而在于做这件事情的过程对人的意志品质的修炼。一如既往地做好简单的事情，是坚持，是积累，时间长了，便会内化成为人的一种韧性。

其次，**任何事情都有它的时间表，做事情需要克服急躁，耐心等待是一种智慧。**

有一个著名的推销员，在他的退休大会上，有人问他推销保险的秘诀是什么。他微笑着说一会儿就告诉大家，所有的人都企盼着。

这时，从后台出来四个强壮的男人，合力抬出一座铁马，铁马颈下挂着一只大铁球。所有的人都不明白接下来要做什么。

推销员走上台，没说话，敲了铁球一下，铁球纹丝没动；隔了五秒，他又敲了一下，还是没动。于是他每隔五秒就敲一下，持续不停，但是铁球还是一动不动。

时间已经过去半个小时。他还没有说话，铁球还是纹丝不动。

人群开始骚动，陆续有人悄悄离开。

推销员还在敲铁球。人愈走愈少，最后只剩下零星几个。这时，大铁球终于开始慢慢晃动了。40分钟后，铁球大幅度摇晃起来，任何人都没法使它停下来。

推销员最后说："这就是我送给你们的秘诀——坚持必然会有结果。但只有耐心的人才可以得到这个秘诀。"

这个世界上没有一步登天的事。不急不躁，心平气和，审时度势，才能更长久地坚持下去。见效快，是广告上的说法，事实上，任何事的推动都需要能量的积累，很多教育者等不到"见效"就放弃，不是因为方向错误，而是因为能量的积累还没有到可以推动的地步。在家庭里最容易产生半途而废的实验，半途而废的监督，半途而废的承诺，家长的有效导引缘自自己的认知和修养。

第三，善始善终，画句号是每一个人应该掌握的事情。幸运总是降临在意想不到的时刻，但也会因为我们最后关头一点点的漫不经心而离去。从认真做事开始，再以认真做事结束，牢牢锁定目标，才能画出圆满的句号。

有个老木匠准备退休，他告诉老板，说要离开建筑行业，回家与妻子儿女享受天伦之乐。老板问他是否可以帮忙再建一座房子，老木匠答应了。

在盖房过程中，大家都看出来，老木匠的心已不在工作上了。他用料也不严格，做出的活计也全无往日水准。

老板并没有说什么，只是在房子建好后，把钥匙交给了老木匠。

"这是你的房子。"老板说，"是我送给你的礼物。"

老木匠愣住了，同样，他的后悔与羞愧大家也都看出来了。

他这一生盖了多少好房子，最后却为自己建了这样一幢粗制滥造的房子。

> 从认真做事开始，再以认真做事结束，牢牢锁定目标，才能画出圆满的句号。

有时候，我们离成功仅仅一步之遥，但如果善始不善终，就很可能使那小小的一步成为无法逾越的距离。这就好比一个人爬梯子摘树上的苹果，不论他之前付出了多少汗水，哪怕离甜美的果实只有一毫米，也要小心翼翼，蹬稳梯子，伸手去采摘，才能有所收获。

孝敬父母

在源远流长的中华传统美德史上，孝敬父母是从古至今的先贤们倡导的为子之道，做人之本。孝敬父母也是现代社会最基本的文明要求，但当今以独生子女为主体的中小学生，具有更加深远的意义。倡导新时期的孝道，还是从小培养孩子爱国之心的起点。百善孝为先，一个人从小能做到孝敬父母，推广开去，便能懂得爱人、关心人、尊重人，增强社会责任感。从一定意义上说，孝是做人的起点，一个不爱自己父母的人，更不用说去爱其他人了，当然长大后也很难去爱自己的国家。

培养孩子孝敬父母的习惯，并不是依靠讲道理来实现的，而必须是无痕的、无言的，协助孩子觉悟孝道之美妙。

一天，男孩可可给妈妈写下了一张账单："可可给妈妈到超市买食品，妈妈应付5美元；可可自己起床叠被，妈妈应付2美元；可可擦地板，妈妈应付3美元；可可是一个听话的好孩子，妈妈应付10美元，合计：20美元。"可可写完后，把纸条压在餐桌上，便上床睡大觉去了。忙得满头大汗的妈妈看到了这张纸条后，只是宽容地笑了笑，随即在上面添了几行字，放回了可可的枕边。醒来的可可，看到了这样的一张账单："妈妈含辛茹苦地抚养可可，可可应付0美元；妈妈教可可走路、说话，可可应付0美元；妈妈以后还将继续为可可奉献，可可应付0美元；妈妈拥有一个天使般可爱的小男孩，可可应付0美元，合计：0美元。"这张纸条，至今仍被可可珍藏着。

这张纸条记录着一个孩子从懵懂走向懂事的经历，同时又在他的心灵深处培植了情操之根。更加重要的是，孝道的价值不在于启发觉悟，而在于行为。

有三个妇人去井边打水。

一个妇人说："我的儿子很机灵，力气又大，谁也比不上他。"

另一个妇人说："我的儿子会唱歌，唱得像夜莺一样悦耳，谁也没有他那样好的歌喉。"

第三个妇人默不作声，另外两个人奇怪地问："你为什么不谈自己的儿子呢？"

她回答说："我的儿子什么特长也没有，没什么好说的。"

谈话间，他们的水桶装满了水，三个人提着水桶往回走。水桶很重，她们走走停停，手臂伸得越来越痛，背也越来越酸。

突然迎面跑来三个男孩，一个孩子边跑边翻跟斗，他母亲露出了欣赏的神色；另一个孩子像夜莺一般唱着歌，大家都凝神倾听；第三个孩子跑到母亲跟前，从她手里接过两只沉重的水桶，提着走了。

以上的两个故事结合起来，我们可以认识到，培养孩子孝敬父母的习惯，关键在于教育者启发孩子的"知"，使之溶解为孩子自己的"情志"，最后形成孩子自己的"行为"。

说了就一定要努力去做

言而有信，是一个人的立身之本，信守诺言是应该具备的基本素质之一，但就养成教育而言，应该转化为具有操作性的一个习惯——说到了就一定努力去做。

首先，"说了就一定要努力去做"要求遵守诺言，从而赢得人的信任与支持。

行为分析训练学导师孟华琳曾这样说过诚信的力量："我获得了一些成功，但这不是因为我是天才，别人尊敬我也不是因为我是富翁，其中很大程度上是因为我遵守诺言！只要我说出话，我绝对兑现。所以，我的学生信任我，社会人士尊敬我，他们尊敬的不仅仅是我这个人，更是尊敬我坚守承诺的人品！我从不对别人失信，无论他是非常成功的名人，还是刚步入社会的穷小子。我相信，如果我经常爽约或是迟到，无论我怎么成功，也不会有人来听我的演讲。况且，没有诚信，我根本不可能成功。"

18 世纪的英国政治家福克斯以言而有信著称。他的父亲曾给他上过生动的一课，在他的心灵中留下了不可磨灭的印象和影响。

那个年代，富有的英国绅士的住宅大都坐落在漂亮的花园内。福克斯家的花园里有一座旧亭子，他的父亲打算把它拆除掉，在较为开阔处另建一座。就在这个当口，小福克斯从住宿学校回家度假，正巧赶上父亲雇来的工人在拆迁亭子。小福克斯很想亲眼看一看亭子是怎样被拆的，所以他打算推迟几天再返校，而父亲要求他准时返校上课。最后，在母亲的协调下，父亲答应将亭子的拆除推迟到来年的假期。于是，小福克斯就离家返校了。

父亲想，儿子回到学校里整天忙于学习，时间长了也就把看亭子怎么样拆除的事给忘了。于是，儿子走后，父亲就让人把亭子拆了，在另一处盖了一座新的。谁想到小福克斯一直把父亲答应的事记在心上。假期又到了，小福克斯一回到家，就朝旧亭子跑去，一看，旧亭子早就拆除了。早餐时，他闷闷不乐地对父亲说："你说话不算数！"父亲听后大为震惊，想了一下，严肃地说："孩子，你说得对。我错了，我这就改正错误。言而有信比财富更重要。纵有万贯家产也不能抵消食言给人心灵带来的污点。"说罢，父亲随即让人在原地盖起一座亭子，再当着孩子的面将其拆除。

既然许下了诺言，就要努力去做到。不遵守诺言，会失去别人的信任，失去朋友，也可能失去成功的人生。如果答应了别人什么事情，一定要记得努力去做，不能言而无信。

其次，"说了就一定要努力去做"还意味着说话算数，及时改过。那些具有超凡人格魅力的人，几乎都是能做到"言必信"。一个人树立了言而有信的意识，就能经常反思自己的行为，并通过自己的言行举止感染人。

一位老师上课时，用做菜加作料的例子给孩子讲道理，讲在兴头上，顺手在黑板上写出了板书"佐料"，同学们不由得互相对了对眼神，老师把"作料"错写成了"佐料"，自己还没有发现，于是一位同学就写了一张小条，夹在作业本里，交了上去。

第二天一上课，老师就对同学们说："昨天我把'作料'写成了'佐料'，咱们班的同学给我写了一张纸条，纠正了我的错误，我要和同学们一样，把错字改过来抄三遍。"

谁知老师因为工作忙，并没有把"作料"抄三遍，这个同学干脆又交了一张纸条，指出老师说到没做到。

上第三节课了，同学们一起回班，一进门就看见讲桌上有一张纸条，上面写着"作料、作料、作料"，而且一看字体就是老师写的。

上课了，老师对同学们说："昨天，我答应大家要把'作料'这个词抄写三遍，可是我忘记抄了，今天，我把它补上了，因为我不能失信，我得说到做到。"说完，给大家鞠了一个躬，然后，把这张纸条举给同学们看，最后把它郑重地贴在了黑板的左上角。

孩子们激动了，提意见的孩子说："老师，您真棒！"

老师和家长对提给孩子的要求自己践行，比一百次训诫都有效。另外，诚信待人一定会给人带来快乐，它所隐含的真诚价值是非常珍贵的。

第三，"说了就要一定努力去做"意味着实事求是，不说瞎话。做人做事如果不能做到这点，那么受到损害的可能不仅是自身形象，有时甚至会带来灾难性的后果。

1946年7月4日，德国法西斯已经灭亡了一年零两个月了。这一天，离华沙170公里远的凯尔采市的几百名群情激愤的市民冲向街头，见犹太人就打、就抓、就杀，有的犹太人被抓到帕兰蒂大街七号的一幢房子里活活打死。这场肆无忌惮的屠杀从早上十点持续到下午四点，有42人被杀害，其中两人是被误认为是犹太人而被打死的。

说来令人难以置信，这次屠杀竟是由于小孩子说谎而引起的。赫里安是波兰一个鞋匠的孩子，当时他和父母从20公里外的乡村搬到凯尔采市，住了才几个星期，对城里的生活很不习惯。7月1日，他偷偷搭车回到乡村小朋友之中，三天后他又溜回城里。见儿子回来，父亲不禁恼恨交加，拿起皮鞭就揍他，并大声责问："你这顽皮鬼，这几天跑到哪儿去了？是不是给犹太人拐去了？"孩子见爸爸凶神恶煞一般，害怕了，于是顺水推舟地"承认"了这几天是被犹太人拐了去，还谎称犹太人把他拐到帕兰蒂大街七号的一个地窖里虐待他。

7月4日上午，愤怒的父亲到警察局去报案。在回家的路上，很多路人好奇地问父子俩发生了什么事，父子俩绘声绘色地说赫里安被犹太人拐去折腾了几天，当时，虽然"二战"已经结束了，但德国法西斯的排犹思潮阴云并未完全散去。几个群众听信了谎言，异常愤怒，声言要对犹太人报复，而捏造的"事实"在几个小时内一传十，十传百，越传越走样(甚至说赫里安被犹太人杀害了)。于是酿成了这一天对犹太人的屠杀惨剧。

赫里安在他此后的生命里常常充满了负罪感。帕兰蒂大街七号如今已经重新修葺，改为纪念馆，让世人不忘过去，珍惜今天。

可以说，这是由于瞎话和谎话引起来的悲剧。所以，实事求是地反映和解决问题是做人的基本立足点，故而**不说谎话，不编瞎话，对于形成诚实的人格，做到诚信做人至关重要。**

用过的东西放回原处

把用过的东西放回原处，首先强调的是秩序感的建立。秩序是有条理、不混乱的状况，良好的秩序能使人产生愉快、舒服以及安全的感觉。

用了东西放回原处，需要我们具有"归位"意识。归位意识体现在个人生活中，是整洁的生活状态，体现在公共场合中，则反映出一个人的公德心和对公共财物的责任心。遗憾的是，"归位"的意识在我国青少年的日常行为中似乎还没有完全形成。

曾经有记者进行过调查：在北京图书大厦三层学生部买书的中小学生居多，书架上的新书琳琅满目，但有些书并不是按顺序、按门类整齐地放好，原因是一些孩子看完书后不知道放回原处，而是随手放进离自己近的书架。粗略统计，在大约四五十名买书的孩子中，只有约十人把看过不买的书放回原处。也有孩子知道把不买的书放回去，但只是放到大体位置，找到原来位置放回去的占少数。

国家图书馆是爱书人常去的地方，按要求来这里借阅书的人都在18岁以上，但在这里学生的表现也不能让人满意。在二层中文社会科学期刊阅览室，查阅期刊的学生大多来自高校。记者发现，多数读者知道看过期刊后放回原位，但90%以上的读者离开时不知道把椅子推到桌子下面。15分钟前图书管理员刚排好的桌椅又都被拉了出来，管理员只好重新整理，每次整理完，他的手里还会拿着一摞被读者丢放在桌上的杂志和废纸、杂物。

在有些国家，用完的公共物品归位已经成了人们的自觉行为，就像排队买票、购物一样自然。方便别人也是方便自己，对公共财物更加爱护已经成为一种习惯。

其次，养成"用过的东西放回原处"的习惯，将提高生活、学习和工作的效率。很多人经常因为找不到要用的东西翻箱倒柜，甚至大动肝火，既浪费时间，又影响身心健康，真是很不值得。要是此前能养成良好习惯，用过的东西放回原处，什么东西放在什么地方就会一目了然，有的时候取放东西就像本能一样自然，根本不会花费什么时间。

认真写字

汉字历史悠久，在漫长的岁月里经过了无数次的演变，直到今天还被广泛使用。汉字是美的，有创造力的。美学中的很多基本原理，就蕴含在汉字中。

较之字母文字，汉字要复杂得多。它结构优美，表意丰富，具有强烈的美感和丰富的表现形式。要么疏可走马，要么密不容针，要把它们写得好看，就必须先把那些形状各异的笔画写好，并合理地进行组织。

汉字承载了历史，承载了文化，值得我们每一个书写它的人尊重和挖掘。写字的过程，实际上就是陶冶情操、培养审美能力、提高文化修养的过程。

美国心理学家赫尔斯坦认为，笔迹是大脑传递给手指的意念，就像指纹一样，世界上没有完全雷同的笔迹。笔迹学家只要对300个书写符号下笔时的用力程度、符号的大小以及笔画布局等进行分析，就可以断定此人个性的基本特征。

有的人写字比较潦草，难以辨认，这只是表面现象。实际上，可能就是这个人比较浮躁，做事不踏实，或者不是很用心。认真书写，可以塑造人的性格，对人、对事、对生活形成一种积极的态度，最直接的结果就是可以使人凝神静气，变得更沉着。

我参加高考前一个月，班主任老师为我们安排了一项工作——每人每天安排一个小时认真写字，而且提出了三个要求：一是清楚，不一定要多好看，但一定要清楚明了；二是标点准确，不要忽视任何一个标点符号；三是姿势端正，在白纸上也能不偏不斜写上满满一页。

当时我们都不理解，但还是按照要求做了。高考结束后，我们这个班90%的同学的总成绩比原来预想的要高出15分左右。认真写字的作用怎么会有那么大呢？

老师告诉我们，考前一个月，该掌握的知识都已经差不多了，除了补缺补漏以外，最重要的工作应当是调节心神，争取在原有知识水平上多拿一些分数。而认真写字起的作用至少有两个方面：一是集中精力，调理心神，使一个人处于沉着的思维秩序之中，考试的时候，一个月养成的这种沉着习惯就发挥作用了；二是提高卷面的清洁和表达的质量，任何一门学科的考试仍然还是需要写字的，语文不用说了，史地数理化也都需要写一定量的汉字或者数字，而阅卷老师因为看考卷太多了，所以面对卷面清楚整洁的考卷时，感觉到了一种尊重，所以心情比较好，很有可能就多给那么一分两分，几门加起来，就有十几分了。

其实很多基本的东西都被人们忽视了。众所周知，在当今时代，基本上都是运用电脑输入汉字，加之现在考试很多都是采用标准化，写字的工作似乎显得越来越不重要了。但是笔头和纸头仍是把握和传递信息的非常简便的工具，可以随思随写，想到什么就可以写什么，很实用，而且手写的东西可圈可点，比电脑更自由。

写字决不仅仅是一种工具，更是一种思维方式，著名教育家霍懋征女士曾经在国家教育部教材中心召开的"硬笔字模"鉴定会上说："随着信息时代的来临，尽管电脑日益普及，但硬笔书写仍是日常生活中不可缺少的传递信息和知识的技能，写一手好字仍是一个优秀人才应具备的素质之一。这一基本技能在一个人的生活中、工作中、人际关系等各个领域都有着重要的作用，手写汉字所特有的艺术性、创造性也是任何机器都无法做到的。"

认真写字的习惯至少具有以下根本的意义：

一是展现了学生个性的成长。人们常说"字如其人"，字在一定程度上反映了一个人的个性特征。有的人字刚强，有的人字温柔，有的人字潇洒，有的人字飘逸。孩子在写字时，也展示和体现了自己的个性。

二是认真写字影响孩子身体全面发展。书写对于孩子是非常重要的。对于刚刚入学的孩子来讲，他的书写过程其实是一个全面发展的过程，其中包括对小肌肉的协调发展，眼、耳等多方面的配合，都有好处。

三是认真写字激发孩子的非智力因素。书写能力的不断提高，可以使孩子做事认真，讲究清洁，从内心要去追求一种比较完美的东西，对这些非智力因素的开发也有很好的促进作用。

四是认真写字可以帮助孩子变得沉着。在认真写字的过程中，当孩子感觉哪些字特别美，间架结构特别合理时，他就会有一种美感，从而陶冶了情操。**认真写字的习惯可以塑造孩子的性格，以及对事、对人、对生活的一种积极态度。**

教孩子形成认真写字的习惯可以有如下过程：第一，激发。给孩子讲写好字的作用，让他在内心里有要写好字的需要；第二，赏识。对他现有的字好的地方给以肯定，即使字写得再差的孩子，也要看到他好的部分；第三，协助。协助一定要有科学性。字一是结构，二是笔画，三是隔线。结构差一点，字就会非常难看。但现在很多的人，包括一些大学生，结构普遍问题不大，主要是笔画。这是因为平时缺少美感，或是不够留心，对字的笔画的基本走向分析得不够，缺少认识。所以要写好字，就要在笔画上下工夫；第四，成效。让学习者彻底改变过去写字的走向，坚持下去，从一两个字练好开始，慢慢写几个好字出来，把自己的习惯肯定下来，就会看到成效；第五，强化。对孩子写好字的过程要有耐心。

从错误中反思自己

人的智慧来自于反思，反思对个人的自我更新意义重大。人之所以为人，反思是重要的特点之一。

反思的内涵在于，一是对待错误的态度决定错误的作用。不把错误当回事，任由它发展下去，它就不会善罢甘休，总有一天会再找上门来。只有认真对待，及时消灭它，才会尽可能减少它的打扰；二是人不可能不犯错误，但聪明的人绝不犯两次相同的错误。人们常常"好了伤疤忘了痛"，只有及时整理错误，吸取教训，才能使愈合了的伤疤起到警示作用；三是学习是不断改进的过程，要把每一个教训都变成真正的经验。**错误会变成经验，成为我们继续学习的宝贵资源，使学习上的每一步都是向前的。**总结是在错误中反思自己的根本。

对于孩子来说，在错误中反思自己，更应侧重在学习上养成整理错题的习惯。我经常在讲课的时候揭示中高考成功的秘诀，其中之一，就是整理错题的习惯。许多的教育专家都会强调这个习惯，因为学习就是争取正确的过程，而在孩子求知的过程中，必然会出现很多的错误，如果形成了整理错题的习惯，那么错过了的就会变成经验，这种经验会为孩子下一步追求正确提供可贵的学习资源。

总之，整理错题就是整理学习资源，但关键是要让这种东西变成一种持续有效的习惯，可能就有些难度了。很多时候，能想到，但做不到或者坚持不下去，这是培养一切良好习惯往往都会遇到的困难，所以，关键是坚持做，放胆做，不放弃。

代后记

追求教育的幸福

(1)

幸福是什么？

幸福是灵魂的香味。

仅有物质的满足是不够的，人的生活还包括精神世界的丰富。

仅有精神世界的丰富是不够的，最为重要的是还要有灵魂层面的追求。

那样，即使遇到了天灾人祸，仍然能坚强地活着。

人的品质从某种意义上说就是人的灵魂。

说一个人是高贵的，就是指他在灵魂意义上具有自己别具一格的价值观；教育者是高贵的，因为教育者的价值指向是改变人的灵魂世界。

(2)

幸福是一朵三瓣花。

第一瓣是"有人可以拥抱"。不仅仅是指爱人，也不仅仅是指知己，而是一种永恒，是生死相随的信念，包括对我们的孩子成长的信念。

第二瓣是"有事情做"。人应当在某一种价值的指引下做正确的事情，教育正是一件令人如痴如醉的且正确的事情。

第三瓣是"有些想望"。任何时候，都要保持一些想望或者希冀，只有前路才能让一个人精神焕发，即使是望梅止渴也比浑浑噩噩更显生机。

(3)

幸福是一种感觉。

每一个人都有自己的独特的体验，没有统一的标准。但不能回避的是，这种感觉必须建立在一种平衡之上。

人的痛苦大多数是因为"想要"的东西得不到。

而实质上，人的幸福的源头恰恰只是——创造并拥有、珍惜自己真正"需要"的东西。

"想要"的东西是外在的，是欲望的，"需要"的东西是内在的，是真切的。前者让人迷茫，后者让人幸福。

人在"想要"和"需要"之间徘徊时，幸福感就渐渐消逝了。

教育者的幸福感是建立在受教育者的自由生长并臻于美轮美奂的基础上的，泰戈尔说："不是锤的击打，而是水的载歌载舞使得鹅卵石美轮美奂。

(4)

幸福＝物质／欲望。

这是现世生活的幸福公式。满足了欲望，人就会快乐和幸福，但张扬了欲望而外在条件无法匹配时，人就痛苦。

因此，把欲望控制好，把物质管理好，是建立幸福的基本技巧。

其实，幸福的源头，都在一个字里面。这个字就是"心"。

心里有，就什么都会有。心里没有，就什么都没有。

若问我幸福在哪里？幸福，就在你的心里。

（5）

有人说，我们的脚步太快，以致忘记了思考，结果丢失了自己。

更加可怕的是，我们一直陷于思考之中，却经常忘记了去感受，感受爱，感受人情之美，感受命运带给我们的欢乐……

因此，就感到迷茫了。

没有把握问题实质的思考是没有任何用处的，仅徒增了很多因为得失权衡而导致的麻烦而已。

而我们自己真正需要的生命价值，却因此散落在了指缝间，散落在了岁月长河里，一去不复返。

我们经常在问：为什么？怎么办？选择还是放弃？……

这样的问题通常都是没有答案的。

因为，我们只知道问"为什么""怎么办"，而忽略了最基本的问题——"是什么"。"是什么"没有搞清楚，谁又能告诉你"为什么""怎么办"呢？

而究竟"是什么"呢？除了敲定"概念"以外，最为重要的是，用心去感受，用耳朵去倾听，用手去做，用身体去体验。

99%的问题，当你确实搞明白"是什么"了，"为什么""怎么办"实际上已经迎刃而解了。

人生苦短，最基本的往往是最重要的，记得陈道明说："人活得简单就高级。"意味深长。

只要有时间，走弯路倒没什么。

而我们的问题是，做正确的事情，还是如何正确地做事情。

(6)

著名作家余华所著的《兄弟》后记中，有一段这样的文字："耶稣说'你们要走窄门。因为引到灭亡，那门是宽的，路是大的，去的人也多。引到永生，那门是窄的，路是小的，找着的人也少。'"

我想无论是教育还是人生，正确的出发都是走进窄门。不要被宽阔的大门所迷惑，那里面的路没有多长。

这个窄门就是从内涵方向出发，探索教育之根，实现不教而教，把家长、教师和孩子从根本上解放出来。

中国教育的前途是光明的，但需要不断完善和改革，中国的事情，都是需要自下而上进行变革的，这是历史的必然选择，《国家中长期教育改革和发展规划纲要》也为我们自下而上的教育改革提供了巨大的空间，这是令人欣慰的。

(7)

教育的"用"并非"小用"，而是"大用"。

著名存在主义哲学家海德格尔在1962年7月18日做的一个演讲中，就曾引用了《庄子·逍遥游》的一个"无用之大树"的段落。

庄子所谓"无用"之"用"，至大的"用"寓于"无用"之中的思想，对海德格尔产生了很大的吸引力，海德格尔在后期著作中也多处阐发了"用"的思想，当然也是指"大用"，是"存在"对人的"占用""使用"。

《庄子·逍遥游》中，庄子说了两个无用的东西，一个是大葫芦，因为其大，反而不能装东西，看似个无用的东西了，可是你若是把它系在腰上，却可以借此漂洋过海；还有一个是长满瘤子的参天大树，似乎成不了栋梁之材，可你若是把它留在旷野里，却是个乘凉的好去处。

人的生命价值在于创造，教育者的生命价值在于创造教育之"大用"，此为教育者的幸福所在。

附　录

全国100所知名中小学校校长联名推荐

广州市华阳小学	周玉娥
杭州市学军小学	杨一清
北京市光明小学	刘永胜
北京市史家胡同小学	卓　立
清华大学附属中学	高策理
宁波万里国际教育集团	袁湛江
广州市小北路中学	林海英
南京禄口中学	王晓根
北京师范大学昆明附属中学	何小杰
北京市北达资源中学	张思明
广州市东山培训小学	张淑华
深圳育才教育集团	刘根平
深圳实验学校	曹衍清

深圳清华实验学校	周　杰
西安市长庆第八中学	朱克强
贵州省威宁县第四中学	宁选应
广西南宁市第三中学	方洁玲
山东省寿光市实验小学	齐永胜
深圳市园岭小学	梅仕华
深圳翠竹小学	房　佩
深圳市螺岭外国语实验学校	杜小宜
四川师范大学第二附属实验学校	李跃忠
山西师范大学实验中学	晋　军
漳州市第三中学	林顺来
承德民族师专附属中学	于占泽
深圳市南山外国语学校	王水发
漳州市实验小学	柯智勇
北京市牛栏山第一中学	王　森
河南省实验小学	孙广杰
成都市东光实验小学	杨远东
广州市第五中学	骆志伟
厦门市金尚小学	陈春梅
广州市旧部前小学	陈可俪
厦门市人民小学	王卫华
郑州中学	高正起
厦门市实验小学	尤颖超

广州市万松园小学	周树英
内蒙古鄂尔多斯市东胜区实验中学	周旭光
江苏省扬州市文津中学	王军文
无锡市凤翔实验学校	许昌良
南京农业大学附属学校	石晓蓉
北京市第十六中学	聂廷武
山东省博兴县庞家镇焦集中学	黎洪福
深圳市观澜中心小学	杨彦祥
河南省郸城县双语实验小学	朱金格
民航广州子弟学校	汤树华
山东省邹平县九户镇河沟小学	赵　明
漳州市龙师附小	陈亚水
金川集团有限公司中小学总校第一高级中学	欧录强
北京市第九十四中学机场分校	刘　杰
山东省滕州市洪绪中心中学	仇玉晨
广州市广园小学	彭穗燕
郑州市金水区实验小学	周天运
深圳市黄埔学校	姚夫平
漳州市芗城区实验小学	李　瑄
深圳市盐田区外国语学校	余艺文
北京市海淀区四王府小学	王亚苹
山东高密市康成小学	郝其福
湖南省益阳市人民路小学	崔卫丰

保定市列电中学	张国栋
山东省博兴县实验小学	袁 吴
天津市东丽区新立小学	许士军
山东省荣成市蜊江中学	梁德华
湖南省耒阳市金华学校	周平安
湖北省黄石市第二十中学	黄华明
北京市海淀区田村中心小学	张秋敏
山东省青岛市城阳区职教中心	周连浩
北京市海淀区香山小学	程立新
山西省太原市第五十二中学	郭 涛
宁波市广济中心小学	王雷英
内蒙古锡林浩特市第七小学	杨 军
北京市牛栏山中心小学	刘 君
四川省遂宁市遂州外国语小学校	张仕志
深圳市福田区景秀中学	何 俊
广州市三元里小学	姜开英
深圳市狮岭小学	王晓坚
山西省怀仁县峪宏中学	王占山
深圳市文锦中学	皮爱民
深圳市布心小学	宋声鹏
深圳市锦田小学	叶小峰
河南省科达学校	宋书选
郑州市第四中学	工中立

山东省临沂市兰山区西郊实验学校	王清群
郑州市第四十五中学	韩延超
深圳市凤光小学	邓小华
北京市怀柔第一小学	张贵廷
南京市拉萨路小学	周荣华
南京市考棚小学	王　伟
宁波市三江中学	钱建民
余姚市阳明小学	裘明耀
宁波市镇安小学	姚　军
深圳市东晓小学	吕家荣
南京市太阳城小学	何现根
重庆市江北区蜀都小学	陈戈亮
河北区昆纬路第一小学	吴兰英
深圳市新沙小学	郑耀宗
山西省太原市杏花岭区北中环街小学	李　栋
北京市大兴区魏善庄镇第一中心小学	李万军
太原市杏花岭区东华门小学	贺慧琴
河南省林州市五龙镇第三初级中学	王李林

参考书目

1. 郭思乐. 教育走向生本. 北京：人民教育出版社，2001

2. 孙云晓. 唤醒巨人. 合肥：安徽少年儿童出版社，2003

3. (美)莫里斯·L.比格. 学习的基本理论与教学实践. 张敷荣等译. 北京：人民教育出版社，1991

4. 王元化. 思辨录. 上海：上海古籍出版社，2004

5. 程鸿勋. 生命发展阶梯. 北京：同心出版社，2003

6. 王东华. 发现母亲. 北京：中国妇女出版社，2004

7. 李零. 人往低处走——老子天下第一. 上海：生活·读书·新知三联书店，2008

8. 范曾. 老庄新解. 上海：华东师范大学出版社，2005

9. 李泽厚. 论语今读. 上海：生活·读书·新知三联书店，2004

10. 林格. 教育是一种大智慧. 北京：清华大学出版社，2007

11. 黄全愈. 素质教育在美国——留美博士眼里的中美教育. 广州：广东教育出版社，1999

12. 刘京海. 成功教育. 福州：福建教育出版社，1999

13. 魏书生. 教学工作漫谈. 北京：漓江出版社，2008

14. 蒙台梭利. 蒙台梭利幼儿教育科学方法. 任代文译. 北京：人民教育出版社，2001

15. 王继华. 文化育人，德润天下. 哈尔滨：黑龙江教育出版社，2008

16. 林格. 教育就是培养习惯. 北京：清华大学出版社，2012

17. 杜和戎. 讲授学. 北京：华语教学出版社，2007

18. 佛光星云. 佛陀真言. 上海：上海辞书出版社，2008

19. 孙云晓. 我要做个好父亲. 北京：华艺出版社，2007

20. 顾准. 顾准文集. 贵阳：贵州人民出版社，2010

21. 袁了凡. 了凡四训. 净庐主人译. 天津：百花文艺出版社，2007

22. 唐曾磊. 爱学习，会学习. 北京：同心出版社，2008